祕檔解讀

戴笠與軍統 上

TOP SECRET

Tai Li and Bureau of Investigation and Statistics
- Section I -

孫瀟瀟

著

開源書局
Kai Yuan Publishing House

民國歷史文化學社
Republic of China History and Culture Society

推薦序

　　軍統，國民政府軍事委員會調查統計局的簡稱，中華民國政府的重要情報機構之一。

　　九一八事變後，蔣介石以軍人為主體成立力行社（或稱藍衣社），其中設有特務處，專門進行情報活動，以黃埔軍校第六期學生、浙江江山人戴笠為處長。1935年，國民政府成立軍事委員會調查統計局，國民黨中央調查科隸屬該局為第一處，力行社特務處隸屬該局為第二處。1938年8月該局重組，第一處改名中央委員會調查統計局，簡稱中統，以中央祕書長朱家驊為局長，徐恩曾為副，第二處改名軍事委員會調查統計局，簡稱軍統，軍統以戴笠為副局長，直接向蔣介石負責。1946年8月，軍事委員會改組為國防部，軍統局的公開特務武裝與軍委會軍令部第二廳合併為國防部第二廳，以鄭介民任廳長；祕密核心部分組成國防部保密局，以毛人鳳為局長。

　　軍統最多時有近5萬成員，祕密分布於國民黨的軍政部門、警察、交通機構甚至駐外使領館中，進行監視、盯梢、綁架、逮捕、暗殺等各類活動。抗戰期間，軍統的主要任務為刺殺投降日本的原國民黨系統的軍政人員，收集敵方情報。除此之外，其忠義救國軍則在蘇、浙一帶展開游擊活動。少數人則投日，成為替日方效勞的特務頭子。國共內戰期間，軍統的主要任務轉變為對付中共，偵探其

地下活動，逮捕與監禁中共及與其有關人士。

關於軍統及其主要領導人戴笠的歷史，說法多歧，訛誤不少。瀟瀟先生多年來廣泛閱覽各種資料，參稽近年臺灣方面開放的有關檔案，爬梳抉剔，去偽存真，釋疑解難，終於掃清雲霧，從紛紜複雜的諸說中展現出歷史真相。軍統和戴笠的歷史距今不遠，似乎不算是一個很大、很複雜的難題，但讀瀟瀟先生的書，卻使我感到，他仿佛「獅子搏兔，亦用全力」，其用功之深，用力之巨以及辨析之精，都使我敬佩。

歷史學的基本要求是真實，最高要求也是真實，成為信史。它不會唾手可得，有時，它仿佛在雲端的高山，也仿佛在深邃的海底，需要探求者艱苦的努力。為了追求歷史的真實，探求者在爬山、涉海時當然要永遠保持「獅子搏兔」的精神和力氣。

楊天石

2022 年 5 月於北京東城

推薦語

　　孫瀟瀟來信，告知所作《祕檔解讀：戴笠與軍統》將由民國歷史文化學社出版，希望我寫一個推薦語。

　　孫瀟瀟自大學開始對戴笠與軍統的歷史就非常有興趣，廣泛搜集各種資料，也出版過兩本與戴笠相關的書籍，這本《祕檔解讀：戴笠與軍統》與之前兩書不同者，均係對官方記載及坊間流傳之戴笠與軍統相關史事進行考證，提出個人的意見。考證必需建立在堅實的史料基礎，據我的了解，孫瀟瀟應該具備這方面的條件。

　　我認識孫瀟瀟，來自於姪女劉思彤的介紹。幾年前，接到住在北京的姪女來訊，提到她有一位朋友的女婿對於民國史很有興趣，知道我研究民國史，能不能請他和我聯絡。於是通過微信，瀟瀟和我開始互動，知道他的興趣十分特別，研究戴笠與軍統。2019 年 7 月，赴北京開會，會後停留數日探訪親友，瀟瀟由思彤處得知訊息，專程搭車至我下榻的中關新園晤面。談話中，他除了出示所收藏書籍照片，其中不乏外界罕見資料，並告知正在整理相關資料，撰寫戴笠年譜，想聽聽我的意見。我十分贊成，希望他早點完成。

　　2020 年 5 月，收到孫瀟瀟來信，說資料越蒐越多，想根據以前讀過的部份，寫一些文章，年譜的進度稍微延後。同時告知他已經完成一本關於戴笠與軍統的書稿。大

概又過了一年，收到瀟瀟已經完成的年譜長編 1897-1936 部份，以及戴笠與軍統兩份書稿。我看了之後，建議瀟瀟將年譜長編續編至戴笠逝世，成為一本完整的年譜長編，我知道這件事有些困難，但是希望他能完成；後書則建議他在臺灣出版，他接受了。

《祕檔解讀：戴笠與軍統》分為 2 冊，共收錄 18 篇文章，內容集中在戴笠早年事蹟及軍統在抗戰前發展的考證，而這也是關於戴笠與軍統較不為外界理解的部分。筆者在兩年前曾對法務部調查局前身中國國民黨中央調查統計局（中統）的發展進行過研究，深感抗戰發生後的中統資料較戰前容易搜集，戰前情報機構的人事與組織演變相對複雜，特別是徐恩曾與戴笠所負責兩個單位之間的關係，其間瀟瀟亦曾提供他的一些意見，與收錄本書〈國民政府軍事委員會調查統計局前身──情報局之研究〉一文參考，釐清了一些問題。

《祕檔解讀：戴笠與軍統》雖然重點在考證，但是實可視為戴笠與軍統在抗戰前活動的相關研究，對於戴笠與軍統有興趣的讀者應可由其中獲得若干啟發。在本書出版同時，亦希望孫瀟瀟能早日完成戴笠年譜長編的編纂工作，相信不只充實戴笠與軍統的研究，也能對近代中國情報工作的研究有所助益。

國立政治大學歷史學系兼任教授

序言

　　戴笠，字雨農，浙江江山人，黃埔軍校六期出身。
1927 年開始從事情報活動。1928 年任國民革命軍總司令
部聯絡參謀，因在北伐、討逆諸役中迭有表現，逐漸獲得
總司令蔣中正的信任。1932 年後，歷任三民主義力行社
特務處處長、國民政府軍事委員會調查統計局第二處處
長、副局長、局長，兼任南昌行營調查課課長、忠義救國
軍總指揮、運輸統制局監察處處長、財政部緝私署署長、
戰時貨運管理局局長、中美合作所主任等職，成為近代中
國叱吒風雲的特工首腦。

　　戴笠在蔣中正的授意與支持下，一手建立了軍統特務
組織，此一組織先後經歷了特務處、軍統局、保密局等歷
史階段，其沿革情形是：1932 年 4 月，特務處成立，隸
屬三民主義力行社，以戴笠為處長；同年 9 月，豫鄂皖三
省剿匪總司令部成立情報局，特務處於 1933 年初隸屬該
局，為第二處；1935 年 2 月，豫鄂皖三省剿匪總司令部
結束，情報局於 4 月改隸軍事委員會，改稱調查統計局，
特務處與該局隸屬關係不變；1938 年 5 月，力行社結束，
同年 8 月，調查統計局改組，第一處升級為中國國民黨中
央執行委員會調查統計局，簡稱中統局，第二處升級為國
民政府軍事委員會調查統計局，簡稱軍統局；軍統局局長
由軍事委員會辦公廳主任兼任，戴笠以副局長名義負實際

責任；1946 年 3 月，戴笠因空難殉職，同年軍事委員會結束，軍統局於 10 月改組為國防部保密局。

　　自特務處、軍統局而保密局，名稱雖有變更，精神實則一貫，故後人習慣統稱其為「軍統」。軍統對國民政府的內政外交活動產生過重要影響，在很多重大事件中扮演過重要角色，而戴笠自 1932 年至 1946 年的十四年間一直實際負責該組織的運作，幾乎與蔣中正擔任軍事委員會委員長相始終，其生平事蹟漸與軍統活動融為一體，其進退榮辱亦與軍統興衰密不可分。

　　戴笠與軍統以其特有的神祕色彩，素來受到人們的關注，自 1960 年代以來，臺灣與中國大陸出版了大量相關書籍，據不完全統計，僅書名中包含「戴笠」或「軍統」字樣的即不下百種，而內容與此相關者更是不勝枚舉。然而現有出版品多是軍統中人的憶述之作，亦不乏好事之徒編撰的野史雜談，嚴肅認真的學術作品則屈指可數。以歷史學的眼光來看，憶述之作屬於史料範疇，其意義畢竟與學術著作不同；至於層出不窮的所謂紀實文學作品，往往捕風捉影，向壁虛造，除混淆視聽外，根本無助於人們瞭解歷史真相。這樣的出版現狀，無疑說明了相關研究的進展緩慢。

　　造成相關研究進展緩慢的首要原因，是基礎史料缺乏，具體而言，則有以下三方面的因素：

（一）檔案留存有限

　　特務工作講求絕對保密，因此戴笠與軍統的很多活動

在當時並沒有留下文字證據。軍統存在的十幾年間,雖然和一般政府機關一樣,產生了大量檔案,但因事涉機密,很多關鍵文書隨辦隨毀或事後湮滅,其內容已成為永遠的歷史之謎。時至今日,很多最具價值的原始文獻已難得見,比如戴笠親書的電稿、函件、手令、批示等,已經公布的只占一小部分;再如記載軍統組織沿革、人事變遷及活動情況的歷年工作總報告,已經公布的只有少數年分及殘存草稿;又如記載軍統人員出身、履歷、事蹟的人事卡片、考績名冊等等,公布者更少。這些史料存毀情況如何?存世者分別收藏何處?有無全面公開的可能?史學界尚難知其詳。

(二)出版品印量稀少

軍統局及其後身保密局、情報局自 1946 年起,曾就歷年積存檔案及資深人員憶述編印若干史書,如《先烈史略稿》、《戴先生遺訓》、《國防部情報局史要彙編》、《本局殉職殉難先烈事蹟彙編》、《忠義救國軍誌》、《中美合作所誌》、《交通警察總局誌》、《戴雨農先生年譜》、《戴雨農先生講詞與遺墨選輯》、《戴雨農先生傳》、《戴雨農先生全集》等。在原始檔案存毀不明的情況下,這類檔案彙編性質的出版品無疑具有較高的史料價值,但因均係內部閱讀的「非賣品」,印量稀少,故外界對其尚未充分利用。

(三)憶述史料不足

戴笠與軍統檔案散佚既多,需要憶述史料進行補充。

然而戴笠生前並未留下自傳之類的回憶文字，其他軍統中人也大都狃於守口如瓶的工作習慣，不願談及往事，擔任過重要職務的高級特務，尤其對個人經歷諱莫如深。值得注意的是，軍統作為一個龐大的特務機關，其內部單位紛雜、人員眾多，軍統中人往往只瞭解本人或本單位經辦之事，對其他事件則所知甚少，這和一般機關的情形不同。因此，不少軍統中人撰寫的回憶文字，不有瞻前顧後、言辭閃爍之譏，即有道聽途說、誇張附會之弊，能暢所欲言而又實事求是的作品並不多見。另外不得不提的是，1949 年後留在大陸的軍統舊人撰寫了相當數量的「文史資料」，這類資料可以幫助人們瞭解歷史的片斷與側面，但也存在以偏概全甚至扭曲失實的局限，更有若干作品廣為發行，為客觀研究平添了障礙。

造成相關研究進展緩慢的次要原因是檔案公布較晚。戴笠與軍統檔案大都收藏於臺灣與中國大陸的軍事、史政機構中，因其內容向屬國家最高機密，長期未對外界開放，學界只能以憶述史料為主，對相關歷史進行詮釋，此種情形直至十年前才發生改觀。2012 年 4 月 1 日，時值軍統成立八十週年，國史館首次公布「戴笠史料」與「軍情局檔案」兩大全宗，提供外界使用，此後檔案管理局亦將陸續徵集之軍情局檔案開放查閱，這兩大機構公布檔案後，學界始有大量準確可靠的原始史料可供研究。

此外還有檔案解讀困難的問題。以國史館藏戴笠史料為例，這批檔案原名《戴公遺墨》，共計 59 卷 4,624 件，

均為戴笠親書之電稿、函件、手令、批示等，極具史料價值，無疑是研究戴笠的核心文獻。然而這些遺墨是由情報局工作人員從不同卷宗中抽離、重新分類彙編而成，這樣一來便打亂了這些檔案原有的時間脈絡與相互關係，由於戴笠手跡往往只註韻目代日，不註年月，加以多用化名、隱語，遂使學者無法輕易判定其確切時間與內容，造成使用上的不便。

因而，現有學術著作大都以憶述史料作為立論的基礎，而未全面深入地運用原始文獻，且輾轉抄引，隨意取捨，既沒有針對過去的不實記載提出質疑，也沒有針對異說進行必要的考證與解釋。而在戴笠與軍統檔案公布後的十年間，雖然已有學者運用新史料重構敘述，刷新觀點，但仍有許多基礎史實沒有釐清，許多基本概念未能建立，總體而言相關研究還處在起步階段，和那段豐富複雜的歷史相比，學界的工作仍然任重道遠。

筆者自大學時代起即對戴笠與軍統發生興趣，平日留心搜集相關史料，十餘年來頗有所獲，自 2012 年起，開始對國史館公布的檔案進行整理考證，參照個人積累的罕見文獻，得以破解諸多不為人知的歷史謎案。筆者在研究的過程中深切地感受到，誠如軍統舊人鄧葆光所說：「軍統整個活動情況和大部分重要計畫由戴笠自己掌握，有時連祕書室和主辦單位都不甚明瞭，今天研究戴笠與軍統的歷史，很難找到一個瞭解全面情況的人。」因此，筆者無意撰寫一部全面反映這段歷史的著作，現在僅以國史館檔

案及軍統出版品等原始文獻為主要依據，重新探討一些過去爭訟不休或為人所忽視的問題，希望能拋磚引玉，為推進相關研究略盡綿薄之力。筆者學術荒疏，見識淺陋，錯誤之處在所難免，切盼能得到學界前輩與廣大讀者的批評指正。是為序。

孫瀟瀟

2021 年 11 月 12 日

目錄

戴笠攝於 1936 年前後

資料來源：浙江省會公安局編印，《浙江省會公
安局年刊（民國二十五年）》（1936）。
筆者翻攝。

1　戴笠與黃埔軍校

　　戴笠出身黃埔六期騎兵科，關於他求學黃埔的歷史，尚有若干眾說紛紜的問題，值得歷史學者辨正。

一、戴笠是否考取黃埔六期騎兵科？

　　戴笠於 1926 年投考黃埔軍校，是其人生最重要的抉擇之一。在此有一個問題需要稍加說明，即戴笠是否考取黃埔六期騎兵科。

　　戴笠在黃埔的求學情形，最早見於徐亮的〈紀念戴雨農先生〉一文，據稱：戴笠於 1926 年 9 月考取黃埔六期，編入入伍生第一團，1927 年入選軍校騎兵營。[1] 徐亮是戴笠的黃埔六期同學，與戴笠先後同隸入伍生第一團與騎兵營，日後並追隨戴笠從事特種工作，他的憶述足資參考。

　　徐亮的紀念文字係於 1947 年，亦即戴笠殉職一年後，發表於國防部保密局編印的《戴雨農將軍榮哀錄》上，可見他的說法一度得到了軍統官方的認可。然而 1966 年國防部情報局（保密局後身）編印《戴雨農先生

1　徐亮，〈紀念戴雨農先生〉，《戴雨農將軍榮哀錄》（南京：國防部保密局，1947），無頁碼。

年譜》（以下簡稱《年譜》）時，似未注意到徐亮的文字，而記載稱：「先生考取黃埔軍校第六期騎兵科為入伍生。」[2]《年譜》係由戴笠舊屬費雲文執筆，經軍統元老唐縱、張炎元、潘其武、任建鵬、楊震裔、馬志超、王孔安、劉啟瑞、毛萬里、周念行、張揚明等人參閱校訂，自有其權威性，於是便有相關著作採用了這種說法。[3]

1972 年，另一位軍統元老喬家才針對《年譜》的記載提出訂正，略謂：

> 黃埔軍校不像現在大學，報考的時候就決定考甚麼科系……入校後必須經過入伍階段。入伍生並不分科，入伍生就叫入伍生，並不是步兵科入伍生、騎兵科入伍生、砲兵科入伍生等等。入伍期滿後，才分為步、砲、騎、工、輜、政治等科。黃埔軍校在廣州長堤天字碼頭設有入伍生部，專管入伍生，和校本部是分開的。入伍生部長由教育長方鼎英將軍兼任。所以「考取黃埔軍校第六期騎兵科為入伍生」的說法是欠妥當的。[4]

---

2   國防部情報局編，《戴雨農先生年譜》（臺北：國防部情報局，1966，初版），頁9。

3   章君穀，〈戴笠的故事（一）〉，《傳記文學》，第 14 卷第 1 期（1969.1），頁 17。軍統元老鄭修元撰有〈戴雨農其人其事〉，於 1971 年在《中華日報》連載，亦採此說。

4   喬家才，〈訂正有關戴先生的史料〉，《健行月刊》，第 176 期（1972.3），頁 102。

　　喬家才與戴笠亦為黃埔六期同學，彼此相知甚深，他晚年在臺致力於戴笠與軍統史事的搜集、整理、考證、編纂工作，為後世留下了很多可靠資料，他還參與《年譜》的增訂，將戴笠考取黃埔的經歷進行修正。[5] 1976 年《年譜》再版，記載如下：

　　民國十五年（歲次丙寅，西元一九二六年），先生
　　卅歲。
　　九月，先生考取黃埔軍校第六期。十月七日入伍，
　　編入入伍生第一團第十七連，與徐亮、東方白、王
　　孔安、何峨芳、喬家才、勞建白、吳毅安等同隸一
　　團。教育長兼入伍生部部長方鼎英中將，團長郭大榮
　　上校。……
　　民國十六年（歲次丁卯，西元一九二七年），先生卅
　　一歲。
　　……國民革命軍自上年由廣東北伐，分路挺進，相繼
　　光復湘鄂贛閩浙蘇皖等省。蔣總司令鑑於北方平原作
　　戰，有成立騎兵部隊之必要，乃電飭黃埔軍校校本部
　　就第六期入伍生中選拔學生三百名，成立騎兵營，
　　指派沈振亞為營長，主其事。先生被選入營，隸第一
　　連。……旋黃埔特別黨部改組，先生當選為騎兵營營

5　國防部情報局編，《戴雨農先生年譜》（臺北：國防部情報局，1976，再版），頁 389-390。

黨部執行委員。秋，騎兵營由廣東開駐蘇州。[6]

　　喬家才結合自身經歷，比較清楚的說明了戴笠考取的是「黃埔軍校第六期」，而非「黃埔軍校第六期騎兵科」，故而《年譜》再版時聽從了他的意見。不過喬家才的校訂刊載於情報局內部刊物中，外界所知不多，《年譜》再版雖然對過去的錯誤說法予以修正，卻未專門解釋原因，以致日後仍有若干人士認為戴笠「投考黃埔軍校第六期騎兵科」。對於這一問題，迄無著作予以辨正，因此仍有再加說明的必要。

　　茲以《中央陸軍軍官學校史稿》為依據，印證徐亮、喬家才說之可信：查黃埔軍校自第二期起，將學生分為步兵、炮兵、工兵、輜重、憲兵等科；自第三期起，創始入伍生制度，即學生考入軍校後，暫不決定所學科系，須實施三個月入伍生教育期滿，再行升學分科；至第四期時，入伍生教育時間增至六個月；第六期教育情形與第四期略同，新生仍須接受六個月入伍教育再行升學分科。[7]因此「投考黃埔軍校第六期騎兵科」這類表述與黃埔的實際教育情形並不相符。準確的表述只能是：戴笠於 1926 年考取黃埔六期，編入入伍生第一團，1927 年入選軍校騎兵營。

6　國防部情報局編，《戴雨農先生年譜》（再版），頁 11-15。

7　中央陸軍軍官學校編，《中央陸軍軍官學校史稿》（南京：中央陸軍軍官學校，1936），第 4 篇，頁 6、18-26、34-42、94。

二、戴笠在清黨過程中扮演了什麼角色？

戴笠在黃埔求學時，正值國民黨聯俄容共。1927 年 4 月 12 日，黃埔軍校校長、國民革命軍總司令蔣中正在上海發動四一二清黨，以武力清除國民黨內的共產黨員，國共合作破裂。戴笠對蔣中正信仰極深，積極參與了黃埔軍校內的清黨運動。

關於戴笠在清黨過程中的所作所為，軍統方面頗有誇大之詞。按軍統元老王蒲臣於 1961 年的說法，當黃埔軍校宣布清黨當晚，由於戴笠「一個人的力量」，校方肅清了騎兵營中的二十幾名共產黨籍同學：

戴先生沉默寡言，兩頰多髭，在軍校第六期同學中年齡比較大，他的經驗、他的智慧也較一般同學為高。因此一般同學都不喜歡與之接近，而他時常往來於黃埔、沙河之間，對於學術兩科常常缺席。有一次，戴先生因逾假未返，致被罰禁閉兩天，同學們多嘲笑之，而戴先生處之泰然。實則戴先生這時已經負有極祕密的任務，而為本黨在軍校學生對共黨鬥爭中之一個極重要的祕密活躍分子。

第六期入伍生一共有兩個團和一個騎兵營，戴先生初入伍在第一團，以後選入騎兵營，因他的領導才能和豐富經驗，無形中在騎兵營起了很大的作用，成為這一部分同學的有力中心，因此共產黨在這方面的發展

受到極大的阻撓……

騎兵營正式成立於民國十六年三月下旬，……四月十二日，營黨部忽然奉到上級密令，指出學生中有二十餘人為共黨分子，令速逮捕。營長沈振亞乃緊急處置，於當晚上課時全營戒嚴，學生中二十幾名共黨分子遂悉數就捕，無一漏網。數月之後，同學們才知道這事的發動與完成，完全是戴先生一個人的力量……[8]

戴笠協助清黨這件事並無原始文獻可憑，於是《國防部情報局史要彙編》便以王蒲臣的回憶為根據記載道：「民國十六（一九二七）年，戴先生肄業於黃埔軍校，輒嘗於課餘注意共產黨籍同學之活動。其後中國國民黨中央成立清黨委員會，各地開始清黨，黃埔軍校騎兵營中二十餘名共產黨籍之同學悉被清除，戴先生之貢獻為多。」[9]

《年譜》亦有如下記載：

國民革命軍自上年由廣東北伐，分路挺進，相繼光復湘鄂贛閩浙蘇皖等省。四月九日，國民政府奠都南京。蔣總司令鑑於北方平原作戰，有成立騎兵部隊之必要，乃電飭黃埔軍校校本部，就第六期入伍生中選

8　王蒲臣，〈戴先生在軍校時期的一頁對共鬥爭史〉，《健行月刊》，第44期（1961.3），頁18-19。

9　國防部情報局編，《國防部情報局史要彙編》，上冊（臺北：國防部情報局，1962），頁1。

拔優秀學生三百名，成立騎兵營，指派沈振亞為營長
主其事。先生被選入營，隸第一連，得便密察營內共
黨籍同學之動態，課餘時間，常請假往來廣州、沙河
間，詳查共黨在該地區之活動。四月十五日，中央成
立清黨委員會，宣布共產黨為非法組織，各地開始清
黨。騎兵營同學中廿餘名共產黨徒，均因先生事先詳
盡之調查而被一網肅清。[10]

　　此說既得到情報局官方的認可，遂被若干坊間著作援
引。事實上，王蒲臣並非黃埔學生，對戴笠在黃埔的經歷
並無直接瞭解，所述必是日後聽聞而來，因而對此事的細
節敘述有誤。與戴笠同在黃埔六期求學的喬家才曾就此事
提出質疑，略謂騎兵營成立幾乎與黃埔宣布清黨同時，
「騎兵營同學來自入伍生各連，彼此不相認識，戴先生有
什麼神通，能夠在短短幾天當中，於新集合的三百同學中
指出二十多名共產黨？」而且當時校長蔣中正在北伐前
線，校務由軍校教育長方鼎英負責，方鼎英一向同情共
產黨，在清黨最初三天內允許校內的共產黨員「自由離
校」，「把共產黨統統放走」，不加逮捕、處決，因此騎
兵營不可能在宣布清黨當天接到上級緊急處置共產黨的密
令，更談不上一夜之間僅憑戴笠「一個人的力量」就將營
內的共產黨員「肅清」了。[11]

10　國防部情報局編，《戴雨農先生年譜》（初版），頁 10-11。
11　喬家才，〈辯証〉，《健行月刊》，第 236 期（1977.3），頁 103；方鼎英，

同情共產黨的
方鼎英

資料來源： 中央軍事政治學校編印，
《國民革命軍中央軍事政
治學校第五期同學錄》
（1927）。單補生先生藏。

　　再據與戴笠同在入伍生第一團第十七連的勞建白回
憶，黃埔宣布清黨時，戴笠尚在第十七連，而未入選騎兵
營，「由於他的建議，致使本連清黨工作進行得十分順
利」。[12] 另據喬家才轉引入伍生第一團第三連學生姚黎天
的回憶稱，清黨時，該連連長為共產黨員，「我們的連長
得到清黨消息就逃走了，第二天我到燕塘騎兵營報到」。
按勞建白、姚黎天的說法，騎兵營很有可能是在清黨之後
才成立的。[13] 筆者還查到一條原始史料，可以佐證勞、姚
所言不虛。黃埔軍校曾於 1927 年 9 月編印《方教育長言
論集》，列為「黃埔叢書」第十一種，內收方鼎英在入伍

　　〈我的一生〉，《湖南文史資料選輯》，第 22 輯（長沙：湖南人民出版社，
　　1986），頁 51。

12　勞建白，〈以平凡的事記偉大的人〉，《健行月刊》，第 200 期（1974.3），
　　頁 26。

13　喬家才，〈訂正有關戴先生的史料〉，頁 99-100。

生部騎兵營成立典禮中之演說詞，時間是 4 月 23 日。[14]
由此可知，騎兵營確是在黃埔宣布清黨之後成立的，王蒲
臣所謂騎兵營成立於 1927 年 3 月以及戴笠在宣布清黨當
天肅清騎兵營中二十幾名共產黨員云云，均是誤記。

《方教育長言論集》書影

資料來源：中央軍事政治學校編印，《方教育長
言論集》（1927）。筆者翻攝。

　　喬家才對王蒲臣說法的質疑發表在情報局《健行月
刊》上，顯然是得到了官方的認可，因此1976年《年譜》
再版時改稱：「先生將同學中廿餘名共產黨徒予以揭發肅
清。」未再提及「騎兵營」。[15] 1979 年國防部情報局《戴
雨農先生傳》則明言戴笠是在協助校方逮捕二十幾名共產
黨員之後，才入選了騎兵營。[16] 受此影響，日後有關戴笠
的著作，大都謂戴笠參與了入伍生第一團第十七連的清

14　中央軍事政治學校編，《方教育長言論集》（廣州：中央軍事政治學校，
　　1927），演說訓詞類，頁 86。
15　國防部情報局編，《戴雨農先生年譜》（再版），頁 14-15。
16　國防部情報局編，《戴雨農先生傳》（臺北：國防部情報局，1979），頁 12。

黨，或籠統說明戴笠協助校方清黨，而不再提及戴笠參與
騎兵營清黨的情形。

　　事實上，王蒲臣的說法固然有誇大的地方，但也並非
毫無依據，因為戴笠入選騎兵營後確曾協助入伍生部政治
部主任胡靖安逮捕營內的共產黨員。此事可參考騎兵營學
生粟鼎的回憶：

　　他〔指戴笠〕到黃埔六期入伍，期滿分科入騎兵營當
　　學生，駐紮廣州郊區之沙河燕塘。正值蔣介石叛變革
　　命「四一二清黨」，當時胡靖安任六期入伍生部的政
　　治部主任，為清除進步同學，戴笠向胡靖安告密，陷
　　害了不少同學，都是用小汽車架走的。[17]

除粟鼎外，姚黎天也回憶：

　　騎兵營成立後，戴先生曾協助胡靖安清查過有問題的
　　分子。[18]

另據張霈芝說：

　　民國十六年，校長蔣總司令鑑於在北方平原作戰，部

17　粟鼎，〈戴笠之離開黃埔〉，《文史資料選輯》，第22輯（北京：中華書局，
　　1961），頁170。查中央陸軍軍官學校第六期同學錄，粟鼎係騎兵隊畢業生，
　　按騎兵隊係由前騎兵營學生組成，由此可知粟鼎與戴笠當係騎兵營同學。
18　喬家才，〈訂正有關戴先生的史料〉，頁99-100。

隊需要騎兵，乃命令黃埔軍校第六期入伍生挑選三百
人，成立騎兵營，以沈振亞為營長，戴笠和徐亮皆獲
選入騎兵營。籌備中，四月十二日南京清黨，四月
十四日，廣州亦清黨。戴笠平時好像置身事外，其實
早與陳超、胡靖安有所聯繫和交往，暗中調查共黨分
子活動的事實，作成詳細紀錄。學校清黨時，戴笠祕
密獲選為清黨委員，此時他才將其紀錄取出，捕獲不
少共產黨徒。

第六期學生超過四千人，故需分批分期清黨，到清黨
末期，騎兵營成立，共有三個連，戴笠在第二連，由
於第三連的學生未經清黨，故騎兵營再清黨。清黨
後，軍校的政治部主要工作改由中國國民黨的忠貞黨
員擔任：政治部主任鄧文儀，入伍生政治部主任胡靖
安，祕書周復，宣傳科長葉維。而此時戴笠亦因盡力
清黨工作，獲選為騎兵營營黨部執行委員。[19]

　　這是一段極為珍貴的記載，尤其有關騎兵營的籌備、
成立以及清黨等細節，為他書所未見，可證戴笠積極參與
了騎兵營的清黨。可惜的是，張霈芝在軍統資歷並不高，
這段話顯然不是他的親歷，而是另有所本，但他並未註明
出處，給歷史學者留下運用上的顧慮。惟就張霈芝在參考
文獻中所列訪問軍統元老之紀錄來看，這段話極有可能是

19　張霈芝，《戴笠與抗戰》（臺北：國史館，1999），頁 23-24。

出自胡天秋的口述，胡天秋為戴笠騎兵營同連同學，應是最瞭解騎兵營情形的人。

綜合考察粟鼎、姚黎天、勞建白、喬家才、張霈芝等人的說法，當可大致確定：當 4 月 15 日黃埔宣布清黨後，戴笠先在第十七連參與逮捕共產黨員，不久他入選騎兵營，又把調查到的共產黨員活動情形向胡靖安密報。戴笠在清黨中的所作所為，為其日後追隨胡靖安走上特務之路埋下了伏筆。[20]

回頭再來看王蒲臣的回憶文字，他敘述的內容自有相當根據，但他把戴笠在清黨期間的一系列舉動濃縮為一天之內將騎兵營內的共產黨員肅清，顯然是把戴笠神化了。王蒲臣的文字刊載於《健行月刊》1961 年 3 月的紀念戴笠專號上，時值葉翔之接任情報局局長不久，大力提倡藉由資深人員憶述該局「光榮歷史」以增強團體凝聚力，王蒲臣對戴笠作用的誇大實與這一撰述背景密切相關。[21] 王蒲臣文字的失實並非個別現象，而是反映了相當一批在臺軍統元老在追憶戴笠事蹟時存在的普遍心理，這種下意識的誇大，是學者在運用這類文字時需要特別注意的問題。

---

20 據軍統舊人張盛吉說，胡靖安曾告訴他，「我任政治部主任時，有幾個學生總隊，人數眾多。戴笠在騎兵科，我很少去那裡，我沒有單獨接見過他，也許他知道我，我們很難說是相識。解放後，有人傳說戴笠常向我送情報，實則沒有這麼一回事。」見張盛吉，〈胡靖安的浮沉錄〉，《江西文史資料》，第 26 輯（南昌：江西人民出版社，1987），頁 154。對照粟鼎、姚黎天的回憶，可知張盛吉之說不足為憑。又張盛吉和胡靖安相識於 1949 年後，兩人身處大陸，刻意迴避胡靖安與戴笠過去之關係，自在情理之中。

21 陳昶安，〈蔣經國與國防部情報局團體意識之建立——以《健行月刊》為中心（1950-1970）〉，《國史館館刊》，第 67 期（2021.3），頁 148。

三、戴笠為何離開黃埔軍校？

1927年6月，騎兵營由廣州先後開往南京、蘇州等地訓練。戴笠隨營北上不久，未能卒業即提前離營，軍統出版品對此語焉不詳，[22] 知情者則有三種不同說法。

第一種說法，戴笠因被控「貪汙」而不得不離營，持此說者有王蒲臣、粟鼎。據王蒲臣回憶：

> 騎兵訓練開始時所用馬匹，均係川貴兩省的小馬，不合要求，校本部乃派營長沈振亞到上海採購馬匹。沈於購馬竣事後，因限於運輸工具和費用，乃電校本部請示，函電數度往返，均無結果。此事給學生知道了，大家都想不出一個妥善的辦法。戴先生乃徵得全體同學的同意，向營長沈振亞建議，如能將騎兵學生開到南京訓練，則馬匹之運輸問題可以迎刃而解。這項建議，果然得到沈營長和校本部的採納，遂於是年六月將騎兵營由廣州轉上海赴南京，駐小營訓練。此事雖微，亦可見戴先生處事之機警與善應變了。
>
> 騎兵營調駐小營之後，戴先生和同學中之共黨餘孽公開直接衝突，迫使戴先生不得不離校輟學。因為當時學生中雖然經過連續清黨，然而共黨之 C. Y. 潛伏分

22　軍統出版品僅敘述戴笠隨騎兵營北上後開始追隨胡靖安活動，而未強調其離開黃埔軍校，見《戴雨農先生年譜》（再版），頁15-16；《戴雨農先生傳》，頁12。

子仍相機活動，煽生事端，營黨部中的一部分委員受了共黨分子的利用。在騎兵營調駐南京小營後一個多月光景，有一天，他們乘營長因公外出時召集營黨部會議，決議：「戴笠貪汙，應予禁閉」。決議之後，馬上執行。第二天，沈營長回營，知道這件事了，乃召集營黨部學生中對此事主持最力之任執委的學生朱某等，查詢此事詳情。據他們答覆：因為戴先生於電沈營長建議馬匹運輸時，浮報郵電費約十餘元，這就是貪汙，貪汙就應該禁閉。但於沈營長核對帳目後，知道戴先生並無貪汙情事，為之辯白，一面斥責他們濫用職權，不經長官許可，任意禁閉同學，若不允和解，將戴先生釋出，則將全案移送校本部辦理，並指斥他們所謂黨的特別會議，是共產黨的名詞，而不是國民黨的名詞。他們因此為之氣餒，乃將戴先生釋出，一場風波，至此始告平息。戴先生被釋出之後，遂即晉謁沈營長，並且告訴沈營長說：「他們對我，處心積慮，已非一日，若不離開學校，後果將更嚴重。」沈營長乃允其請假退學。戴先生在軍校的學生生活，就此終止。[23]

再據粟鼎回憶：

23　王蒲臣，〈戴先生在軍校時期的一頁對共鬥爭史〉，頁19-20。

一九二七年六月，由沈振亞率領騎兵營遷駐南京軍
校，以後又往蘇州駐紮，一日戴笠輪充伙食採買，貪
汙三元多錢，被同學發覺，群情憤極……從此他離營
投奔胡靖安處……[24]

　　此外，黃埔六期步科學生居亦僑聲稱「曾聽騎兵科同
學講過」戴笠「貪汙」之事，略謂戴笠隨騎兵營駐紮蘇州
期間，曾代表該營同學赴滬採辦向蔣中正致賀之禮品，結
果將禮品費數百元盡行揮霍，因此被「騎兵的帶隊官陳繼
承」禁閉數日。[25]

　　現就上述三人之回憶略作分析：王蒲臣不僅是軍統元
老，還是戴笠的同鄉和小學同學，他於 1927 年底與戴笠
常相過從，故其回憶頗具價值；[26] 粟鼎與戴笠是騎兵營同
學，他對戴笠被控貪汙事件的原因、細節、結果均有不同
說法，但他與王蒲臣的回憶都顯示，戴笠是因與騎兵營內
若干同學相處不睦而被迫離營的；至於居亦僑的說法，
因其並非騎兵營學生，所述內容是基於傳說，且誇張失
實，[27] 因此並不值得重視，不過他對戴笠被控貪汙一事的

24　粟鼎，〈戴笠之離開黃埔〉，頁 170。

25　居亦僑，《跟隨蔣介石十二年》（長沙：湖南人民出版社，1988），頁
　　126-127。

26　王蒲臣，〈凡我同志，不可不知〉，《健行月刊》，第 224 期（1976.3），
　　頁 34。

27　如居亦僑聲稱戴笠揮霍數百元，這與粟鼎所稱戴笠貪汙三元多錢的說法相
　　比實在太過誇張；再如陳繼承僅在黃埔軍校成立初期擔任過教官及第三期
　　入伍生營長，1925 年後即歷任團長、師長等職，隨軍在北伐前線，從未擔
　　任居亦僑所謂的「騎兵帶隊官」，參見朱敬恒，《大樹將軍：陳繼承先生傳》

模糊印象是與王蒲臣、粟鼎的回憶一致的。再從另一個角度看，王蒲臣、粟鼎於 1949 年後分別留居臺灣和大陸，二人身處不同的政治背景而有類似的回憶，可見戴笠因被控貪汙而離開騎兵營之說實有相當的可信度。遺憾的是，這一最可徵信的說法卻少有學術著作引用。[28]

第二種說法，戴笠係因騎兵營無人照顧而主動離營，據喬家才說：

> 騎兵營奉命開到蘇州，正趕上校長蔣公為促成寧漢合作，於八月十三日辭去本兼各職，回到奉化。……因為校長下野，騎兵營在蘇州無人照顧，連吃飯的買菜錢都沒有著落。沈營長的太太變賣首飾來維持他們的伙食，好些同學不忍心再留在騎兵營吃飯，各自去謀生，戴笠就是其中之一。[29]

結合當時的歷史背景，喬家才的說法自有其根據，因而現有著作幾乎無一例外採用了這種說法。但這種說法實際上和王蒲臣、粟鼎的說法並不衝突，喬家才只談「騎兵營無人照顧」而不提戴笠被控貪汙一事，似有回護戴笠

（臺北：七十年代出版社，1974）之有關記載。

28　魏斐德，《特工教父：戴笠和他的祕勤組織》（臺北：時英出版社，2004），曾引用粟鼎、居亦僑之說，惟未解釋採用此說的原因，且未就居亦僑所述不實之處予以辨析，見該書頁 63。

29　喬家才，〈鐵血精忠傳（二）〉，《中外雜誌》，第 24 卷第 3 期（1978.9），頁 66。

之嫌。[30]

黃埔時期的
喬家才

資料來源：中央陸軍軍官學校編印，
《中央陸軍軍官學校第六期
同學錄》（1929）。筆者
翻攝。

　　第三種說法，戴笠係被黃埔開除，持此說者有軍統舊人張嚴佛、章微寒、張盛吉。張嚴佛稱「戴笠不過是軍校六期被開除的學生」，章微寒稱戴笠「文則初中未畢業，武則黃埔被開除」，[31] 張盛吉亦稱戴笠「不遵守校規」被開除。按張嚴佛、章微寒雖係軍統要員，但他們認識戴笠均在 1932 年以後，對戴笠早年經歷的瞭解當係以耳代目。張盛吉則在軍統資歷較低，他承認自己的說法完全源自胡靖安的談話：

　　據胡靖安說：「戴笠在騎兵科桀驁不馴，常與同學吵鬧，竟至動手打人，經教育長方鼎英決定，以不遵守

30　喬家才曾指責王蒲臣所述戴笠被控貪汙事件「全屬捏造」，但並未就此提出有力的反駁證據，見喬家才，〈辯誣〉，頁 97-99。

31　張嚴佛，〈抗戰前後軍統特務在西北的活動〉，《文史資料選輯》，第 64 輯（北京：中華書局，1979），頁 86；章微寒，〈戴笠與軍統局〉，《浙江文史資料選輯》，第 23 輯（杭州：浙江人民出版社，1982），頁 81。

校規為名，開除學籍。」[32]

　　張盛吉在另一篇文章中更吐露，胡靖安只是聽說「一個姓戴的學生」被開除，至於此人是否為戴笠，則不能確定：

　　我過去與胡靖安並不相識，只是解放後同在一塊學習，前後將近二十年，課餘之暇，他常同我談他的過去……我再問戴笠為何被開除？他說：「戴笠被開除一事，我事先不知道，後來聽說騎兵科有一個姓戴的學生被開除，可能就是戴笠。開除的原因，是他毆打同學，違犯校規。」[33]

　　按戴笠離開黃埔軍校是在蔣中正下野亦即 1927 年 8 月以後，而胡靖安僅在 1927 年 4 至 6 月間短暫擔任過黃埔軍校入伍生部政治部主任，此後他對軍校校務無從過問，對戴笠被開除一事也只能道聽途說。對照王蒲臣、粟鼎正反兩種感情色彩的說法，均謂戴笠係因被控貪汙而被迫離開騎兵營，他們的回憶顯然比胡靖安、張嚴佛、章微寒等人的輾轉聽聞更可信。

32　張盛吉，〈戴笠早年佚聞二則〉，《文史資料存稿選編》，第 14 冊（北京：中國文史出版社，2002），頁 617。

33　張盛吉，〈胡靖安的浮沉錄〉，頁 153-154。

四、戴笠是否為黃埔軍校畢業生？

戴笠既提前離開騎兵營，則他是否為黃埔軍校畢業生便產生了爭議。

有些軍統舊人強調戴笠沒有畢業，給人的印象是戴笠沒有黃埔軍校畢業生資格。如沈醉說：「戴笠是黃埔軍校第六期騎兵科沒有畢業的學生。」程一鳴說：「北伐軍打到南京後，黃埔軍校從廣州市遷往南京，戴笠沒有畢業。」文強說：「〔戴笠〕編入第六期騎兵科，雖然沒有畢業，總算是取得了黃埔學生的學籍。」郭旭說：「戴笠去黃埔軍校第六期騎兵科混了一個時期，沒有畢業。」[34] 最重要的一條證詞，是騎兵營第二連學生胡天秋的口述：「騎兵營於民國十七年開赴南京升學，民國十八年一月提前畢業，隨即成立國民革命騎兵部隊，戴笠始終沒有回營升學及參加畢業典禮。」[35]

喬家才則稱，戴笠因在國民革命軍總司令部工作，確實未能返校升學，但他的黃埔學籍仍由蔣中正核准取得，而且他也是黃埔六期畢業生，只因工作重要，未克參加畢業典禮：「民國十七年，蔣中正校長復任國民革命軍總司令原職，才將第六期騎兵營納入軍官團，十七年底畢業。

---

34 沈醉，〈我所知道的戴笠〉，《文史資料選輯》，第 22 輯（北京：中華書局，1962），頁 64；程一鳴，《程一鳴回憶錄》（北京：群眾出版社，1979），頁 27-28；沈醉、文強，《戴笠其人》（北京：中國文史出版社，1980），頁 185；郭旭，〈杜月笙與戴笠及軍統的關係〉，《上海文史資料選輯》，第 54 輯（上海：上海人民出版社，1986），頁 322。

35 張霈芝，《戴笠與抗戰》，頁 25。

戴笠已負責擔任總司令部密查組的任務，工作重要，沒有參加畢業典禮，因此好多人誤〔認〕為他沒有畢業，而章微寒說成中途又被開除。」[36] 唐良雄亦有類似說法：「〔戴笠〕自廣州入伍至離開騎兵營，大約不出一年，據他自己說：『在黃埔只受過十個月訓練。』以後軍校遷南京，他並未報到，第六期畢業禮亦未參加，故有人說戴笠並未正式畢業。惟軍校仍保有他的學籍，並承認他是騎兵科畢業。」[37]

另有軍統舊人披露，戴笠沒有正式畢業，但蔣中正於日後追認了他的畢業生資格。如黃康永說：「〔戴笠〕在軍校六期騎兵科是沒有畢業的，直到 1939 年兼任國民黨中央訓練團警衛組組長時，蔣介石問到他，才知他……沒有在黃埔軍校第六期正式畢業。蔣介石乃下手令追認戴笠為黃埔軍校第六期正式畢業生……戴笠的學歷也就是在這一情況下取得的。」[38] 張盛吉也有類似說法：「1929 年，由胡靖安介紹，戴笠充任蔣介石的隨從副官。事前，蔣介石曾問胡靖安：『戴笠軍校沒有畢業，充任隨從副官能行嗎？』胡靖安說：『我看沒有關係，沒有畢業，可以追補畢業證書。』蔣介石點頭首肯。」[39]

由於原始檔案缺乏，黃埔軍校是否保有戴笠學籍以

36 喬家才，〈辯誣〉，頁 104；喬家才，〈再談戴笠之三〉，《中外雜誌》，第 46 卷第 4 期（1989.10），頁 82。

37 唐良雄，《戴笠傳》（臺北：傳記文學，1980），頁 34。

38 黃康永，〈我所知道的戴笠〉，《浙江文史資料選輯》，第 23 輯，頁 154。

39 張盛吉，〈胡靖安的浮沉錄〉，頁 155。

及蔣中正是否追認其畢業生資格尚難以確定，因而現有著作對於戴笠是否為黃埔軍校畢業生的問題大都予以迴避。不過依據現存間接史料，仍可對上述各類說法略加考證、分析。

按黃埔校史：1927 年 5 月，蔣中正在南京籌設中央軍事政治學校，擬以南京本校專施入伍生升學後之教育，黃埔本校則專施入伍生教育，於是決定俟南京本校籌備妥當，第六期入伍生即遷往南京升學肄業，旋因蔣中正下野，校務陷於停頓；10 月 10 日，國民政府軍事委員會令中央軍事政治學校改名為中央陸軍軍官學校；1928 年 1 月，蔣中正復職，中央軍校加緊籌備，於 3 月 6 日正式開學，學生編為步兵、炮兵、工兵、交通等隊，而無騎兵隊；與此同時，蔣中正為增進黃埔軍校各期畢業生之軍事知識及政治能力，特設國民革命軍軍官團於南京，軍官團下設兩營，並以流散在蘇州的黃埔六期騎兵營編為軍官團騎兵隊，駐南京馬標訓練；同年 10 月，軍官團併入中央軍校；1929 年 1 月，騎兵隊畢業，是為黃埔六期僅有的騎兵編隊，故世稱「黃埔六期騎兵科」、「中央軍校六期騎科」均指此一中央軍校附設之軍官團騎兵隊而言。[40] 查黃埔六期同學錄收有騎兵隊同學二百五十餘人姓名，而無戴笠，可知他在當時確未正式畢業，他的畢業生資格必是

40　中央陸軍軍官學校編，《中央陸軍軍官學校史稿》，第 4 篇，頁 453；喬家才，〈中央陸軍軍官學校第六期簡史〉，《海隅叢談》（臺北：中外圖書，1985），頁 25；喬家才，〈黃埔建校簡史補正〉，《中外雜誌》，第 38 卷第 1 期（1985.7），頁 82-84。

日後取得，而非像喬家才、唐良雄所說只是沒有參加畢業典禮。[41] 沈醉、程一鳴、文強、郭旭、胡天秋等人之所以強調戴笠沒有畢業，原因在此。

另一方面，戴笠雖然沒有正式畢業，但並不等於他沒有畢業生資格，這從喬家才、唐良雄、黃康永、張盛吉等人的說法中可以得知。值得注意的是，黃康永、張盛吉憶述的細節雖有不同，但都指出蔣中正於日後追認了戴笠的畢業生資格，黃康永曾任軍統局人事處行政科科長，對軍統人事情況瞭解較多，他的說法尤其值得重視。

曾任軍統局人事工作的
黃康永

資料來源：中央陸軍軍官學校編印，
《中央陸軍軍官學校政訓研
究班同學錄》（1933）。
于岳先生藏。

此外，戴笠黃埔畢業生資格得到追認的說法完全可以得到檔案與出版品的印證。這方面的記載有：抗戰時期，國民政府軍事委員會委員長侍從室的人事登記片上註明戴笠的學歷是「中央軍校六期騎科畢業」；戴笠殉職後，國

---

41 陸軍軍官學校編，《陸軍軍官學校第二十一期同學錄（皇城區）》（成都：陸軍軍官學校，1947），先期同學名錄，頁 41-42。

民政府公布的戴笠略歷稱其「中央軍校六期畢業」；《國防部情報局史要彙編》記載，戴笠「中央陸軍軍官學校六期畢業」；《陸軍軍官學校校史》記載，戴笠為「本校六期畢業」，等等。[42] 由此可以確定，戴笠在黃埔軍校沒有正式畢業，但他的畢業生資格得到了追認。

42 〈戴笠〉，《軍事委員會委員長侍從室檔案》，國史館 129-200000-3707；〈戴笠墜機遇難詳情〉，《大公報》天津版，1946 年 4 月 2 日；國防部情報局編，《國防部情報局史要彙編》，下冊，頁 5；陸軍軍官學校編，《陸軍軍官學校校史》（高雄：陸軍軍官學校，1969），第 8 篇，頁 133。

2　戴笠如何走上情報之路

　　關於戴笠最初從事情報工作的情形，有三個懸而未決的問題，一是戴笠何時開始從事情報工作？二是他最初的情報工作名義是什麼？三是他在蔣中正第一次下野期間從事了那些活動？

一、戴笠何時開始從事情報工作？

　　欲知戴笠何時開始從事情報工作，首先需要說明他是如何成為情報工作人員的。按情報局官方記載，戴笠是1927 年夏隨騎兵營北上後，受胡靖安之邀參加情報工作的。胡靖安又名胡靜安，字茂全，江西靖安人，黃埔軍校二期生；自軍校畢業後，曾任黃埔同學會監察委員會常務委員，代理監察委員會主席，頗獲蔣中正信任；1927 年4 月，任軍校入伍生部政治部主任；軍校清黨期間，曾由戴笠協助，清查校內的共產黨員；6 月，因與軍校教育長方鼎英不睦，離粵北上；抵京後，改任蔣中正的侍從參謀。[1]

1　胡靖安，〈奮鬥三十七年的我〉，《息烽訓練集》（出版項不詳，1941），頁 15、19；唐良雄，《戴笠傳》，頁 36；〈方鼎英函蔣中正〉（1927 年

　　據國防部情報局《戴雨農先生年譜》（以下簡稱《年譜》）記載，戴笠隨騎兵營北上後，與胡靖安在京滬一帶重逢，受邀參加情報工作：

　　胡靖安……任軍校入伍生部政治部主任，與先生〔戴笠〕往來密切。後離粵，任職國民革命軍總司令部，負責衛護蔣總司令之安全，需將各地軍政情況，探報蔣公參考，因與先生素有往還……遂邀其參與其事，擔任搜集情報工作。是為先生從事情報之始。[2]

　　軍統元老喬家才曾於 1927 年底與戴笠一同追隨胡靖安活動，據稱：「胡靖安離粵抵京後，組織偵查組，組員有王兆槐、東方白、廖武郎和戴笠。」他雖未明言這是戴笠最初從事情報工作的情形，但實際上是認可了《年譜》的說法。[3] 此外，留在大陸的軍統舊人程一鳴雖未親歷其事，但對這段歷史也有瞭解，他說：「離開黃埔軍校後，他〔戴笠〕沒有任過軍職，自動去搞諜報，以學生的身分向蔣介石遞送軍事情報。……胡靖安是蔣介石身邊的侍從，戴笠想把軍事情報遞給蔣介石，必須由胡靖安轉給蔣，戴笠為了討好胡靖安，常常到胡家去為胡靖安抱孩

　　5月7日），《蔣中正總統文物》，國史館 002-080200-00023-023；〈方鼎英電蔣中正〉（1927年6月9日），《蔣中正總統文物》，國史館 002-080200-00025-025。

2　國防部情報局編，《戴雨農先生年譜》（再版），頁 15-17。

3　喬家才，〈鐵血精忠傳（二）〉，頁 66。

子。」⁴程一鳴謂戴笠「自動去搞諜報」，這與《年譜》的記載不同，但他強調戴笠的情報需由胡靖安轉呈蔣中正，則與《年譜》是一致的。

與情報局官方記載截然不同的是軍統舊人沈醉、文強的說法，據沈醉稱，戴笠「沒有進黃埔之前，早就替蔣介石充當特務。」⁵文強也稱，戴笠於民國初年在滬杭流浪時期就認識蔣中正，進入黃埔後，遂在蔣中正的直接授意下搜集情報：

> 戴笠談到他打流生活中的幸遇時，每每喜歡談到他認識蔣介石、戴季陶、陳果夫等人的經過。他說民初他在上海打流，天造地設的機會，在交易所中鬼混，認識了校長、戴院長和陳果夫等人。他們開始時，視戴笠為小癟三一樣，不過是差使跑跑腿、送茶遞水而已。後來戴季陶知道他姓戴，又是浙江同鄉，便問他讀過書沒有，青年人想幹些什麼的一類關心的話。戴笠那時感到這夥人不像商人，一天到晚來往的光棍不少，十有八九是革命黨，可又不敢說出來，便答覆說：「有飯吃就行。」他趁機又說：「青年人要幹，就要像陳英士、徐錫麟一樣幹的轟轟烈烈。我受過中學教育，當過團丁當過兵，現在打流打到上海來了。」從那以後，戴季陶對戴笠改變了態度，

4　程一鳴，《程一鳴回憶錄》，頁 27-28。

5　沈醉，〈我所知道的戴笠〉，頁 65。

對他關心起來。戴笠便改口稱戴季陶做叔叔。蔣介石見戴季陶器重戴笠，凡屬是跑腿出街的事，便叫他去幹。……

以後我又從胡宗南、胡靖安兩人的口中瞭解到有關戴笠入黃埔軍校的一些情況，大致如下：戴於 1926 年春到廣東去見蔣介石時，首先到廣東大學去找校長戴季陶作引薦，然後才見到蔣介石，被收容在黃埔軍校第五期入伍生去學習。這時他表示要在蔣介石身邊當差，而且很堅決，蔣一聽非常高興，要他當當勤務兵再說。戴笠當了多久的勤務兵不清楚，他是一個天生的雞鳴狗盜之徒，包打聽，整天東奔西跑，將蔣介石身邊內內外外的情況都收得有，簡簡單單地列出條條來，送到蔣介石的案前。起初蔣介石不以為意，當做字紙丟到字紙簍裡了。戴笠知道沒有看，便又從字紙簍裡拾起抹平，用壓紙條壓好置之原處，這樣引起蔣的注意，漸漸感到這可補耳目之不足，於是耳提面命親授機宜，而且不久即令其下連隊去學騎兵。蔣規定戴笠要密報的有兩大類：第一是注意同學中的思想情況，矛頭指向共產黨員的活動，革命軍人青年聯合會左派分子的活動；第二是監視在校官佐的思想活動及生活是否腐化等情況。胡宗南說：「我之知道這些情況，是雨農親自誇口說出來的。」胡靖安說：「我當年在入伍生部搞政工，又是孫文主義學會的負責人，戴笠的密報許多都是交給我處理的。」

胡宗南與戴笠在西湖奇遇而成為知交朋友以後，他得風氣之先，入了黃埔第一期，北伐前夕胡已遞升到營長的地位，是經常為戴笠提供情報資料的一人。1926年3月12日中山艦事變前，胡為戴提供的有關共產黨員及國民黨左派分子活動的材料很多……

胡靖安在中山艦事變和「四一六」廣東大屠殺血案中，他都曾向戴笠提供黑名單，對進步學生和官佐們極盡誣告迫害之能事。……戴笠與胡靖安勾結起來所幹的罪惡活動，每每從胡靖安的牢騷中反映出來。有一次軍統局宴請高級幹部聚會時，忘記發請帖給胡靖安，被他知道而來到宴會廳，暴跳如雷，破口大罵，指責戴笠看不起他，鬧得參加宴會的人不歡而散。記得他咬牙切齒地罵道：「戴笠狗婆養的，翻臉無情，如果沒有當年我在廣東提拔他一手，介紹與孫文主義學會的大頭楊引之、賀衷寒、潘佑強等人見面談過話，誰知道他是老幾？老子毫不自私將名單開給他，否則他又那裡去找報功請賞的材料。」以上我略述兩胡的二三事，也就可以窺知戴笠的底細了。……

1926年7月1日，廣東國民政府發布了北伐宣言。戴笠自己說，從那天起得校長手諭離校，隨東路軍北上，入閩浙轉入滬寧。他趕在部隊前頭，潛入敵境打探虛實，有聞必報。他進入江浙境內，打流的朋友很多，米湯寫的情報也就多了，這為他取得蔣介石的重

用奠定了基礎。[6]

早年戴笠

資料來源：國防部保密局編印，《三一七
紀念專刊》（1951）。谷曉
暉先生藏。

文強的憶述生動詳細，流傳頗廣，然而他的說法嚴重
失真，實有加以澄清的必要。首先需要說明的是，文強是
黃埔軍校四期畢業生，在校時與戴笠並無交集，他參加軍
統工作則是 1935 年，因此他對戴笠的早年經歷無法直接
瞭解。按他自己的說法，他是聽戴笠本人及胡宗南、胡靖
安兩人談起過這些故事，然而無論依據為何，他憶述的內
容都存在很多漏洞。[7] 喬家才看完文強的回憶，就曾指出
以下問題：

（一）敘事不清與前後矛盾

戴笠如果在上海遊蕩時就認識蔣中正和戴季陶，為什
麼不就此追隨他們，而要等到 1926 年才南下廣州？戴笠

6　沈醉、文強，《戴笠其人》，頁 181-187。
7　文強參加特務處工作之年月，見〈特務處二十四年年終總考績擬請增薪人
　　員名冊〉，文強條，《國民政府檔案》，國史館 001-023330-00002-005。

既然認識蔣中正，到了廣州為什麼不直接見蔣，而要找戴引薦？

（二）歷史背景不合

戴笠南下廣州是去投考黃埔，絕無當勤務兵之理。「那個時代，當勤務兵的多半是小孩，年齡不夠入伍。戴笠已經三十歲，會要他當勤務兵嗎？當一個勤務兵還要戴季陶那樣大人物引薦嗎？」

（三）大量史實錯誤

首先，戴笠是黃埔六期入伍生，而非五期，第六期入伍生係於 1926 年 10 月入伍，而蔣中正已先於 7 月誓師北伐，離開廣州，因此第六期入伍生根本沒見過蔣中正的面，喬家才說：「我們聆聽校長訓話，還是十七年入南京中央陸軍軍官學校以後的事。」戴笠怎麼可能一進軍校，就有機會「在蔣介石身邊當差」呢？其次，青年軍人聯合會和孫文主義學會均於 1925 年成立，至 1926 年 6 月奉蔣中正命令取消，戴笠進黃埔以前，一直在滬杭一帶流浪，也在老家江山活動，唯獨沒有去過廣州，他考入軍校時，兩會早已不復存在，他如何向蔣中正密報「革命軍人青年聯合會左派分子的活動」呢？與此同理，中山艦事件、國民革命軍誓師北伐也是戴笠入校前發生的事，他又如何在事件發生時從胡宗南、胡靖安處取得「共產黨員及國民黨左派分子活動的材料」和「黑名單」？如何在北伐誓師時

「得校長手諭離校，隨東路軍北上」呢？[8]

喬家才的辨正，足以證明文強所謂戴笠早在民國初年就結識蔣中正、在黃埔入伍期間擔任蔣的勤務兵、在「中山艦事件」期間為蔣密報共產黨及國民黨左派活動、在北伐初期奉蔣手諭參加東路軍搜集情報等等一系列說法，完全是子虛烏有。

除文強外，軍統元老毛鍾新也有戴笠參加北伐東路軍之說，他於 1974 年憶述稱：「戴先生十五年參加國民革命，到了廣州，在進入黃埔之前，即自動協助東路軍在閩浙地區做偵查敵情工作。」[9] 不過他於 1982 年撰寫〈戴笠別傳〉時，又改稱戴笠是在黃埔受訓期間參加東路軍的，並指出此說係根據戴笠故鄉巡防隊隊員的談話：

> 戴先生在黃埔六期受訓的時候，即奉派自福建之延平、建甌，越仙霞嶺山路入浙，走在東路軍的前頭，偵察敵情，用密寫函件郵遞報告……當年保安駐有巡防隊……有巡防隊隊員參加重慶時代的軍統工作，如今尚住在芝山岩，已經八十五歲了。他確鑿記得，戴先生去了黃埔以後，當年冬天曾從福建回來，經過保安，和他們見了面，並說國民革命軍就要來，紀律嚴，不騷擾地方，不像「北佬」部隊，叫大家不要

8　喬家才，〈為戴笠辯誣（下）〉，《中外雜誌》，第 32 卷第 1 期（1982.7），頁 70-72。

9　毛鍾新，〈戴先生的忠義精神〉，《健行月刊》，第 200 期（1974.3），頁 32。

怕，照常安居，照常做生意。[10]

　　喬家才就此指出，毛鍾新提到的保安村巡防隊隊員名
叫王華，「王華人很老實，不會說假話」，「他和我沒有
談過戴笠參加東路軍的問題」，進而推測：「也許戴笠去
黃埔以前，告訴過他，國民革命軍紀律好，不騷擾地方，
王華記錯時間，說成是年冬天從黃埔回來，因為事隔五十
多年，個人的記憶容易錯誤。」

　　喬家才還進一步辨正：1926 年 7 月國民革命軍誓師
北伐後，廣東萑苻不靖，土匪猖獗，遂由第六期入伍生留
駐後方，維持安定，「沒有聽說同學有被徵調參加北伐工
作。」此外，東路軍自同年 10 月進軍福建，至 1927 年 3
月始攻克上海，戴笠如果「隨東路軍北上，入閩浙轉入滬
寧」，則離校半年之久，他身邊的同學必有印象。戴笠隸
屬入伍生第十七連，喬家才曾訪問其同連同學勞建白、何
亞雲，詢以戴笠入伍期間有無離開第十七連，而且離開的
時間很長？勞建白答以毫無此種印象，何亞雲所答亦然。
此二人整日與戴笠一同出操、上課、生活，尤其勞建白與
戴笠同桌，關係密切，他們的答覆足以證明，戴笠決無參
加東路軍的可能。[11]

10　毛鍾新，〈九州兵革浩茫茫——戴笠別傳之九〉，《中外雜誌》，第 32 卷
　　第 2 期（1982.8），頁 51。

11　喬家才，〈為歷史作見證——戴笠未參加北伐東路軍〉，《中外雜誌》，
　　第 32 卷第 6 期（1982.12），頁 141-144。喬家才還曾指出毛鍾新所述戴
　　笠活動路線與東路軍行進進路線不合，戴笠斷無脫離部隊、單獨行動之理，
　　略謂北伐軍以何應欽為東路軍總指揮，率部由閩入浙，另以白崇禧為東路

勞建白

資料來源：中央陸軍軍官學校編印，《中央陸軍軍官學校第六期同學錄》（1929）。筆者翻攝。

何亞雲

資料來源：中央陸軍軍官學校編印，《中央陸軍軍官學校第六期同學錄》（1929）。筆者翻攝。

透過喬家才的一系列考證，可知《年譜》的記載可信，沈醉、文強、毛鍾新的說法則不足為憑，亦即戴笠最

軍前敵總指揮，率部由贛入浙，白崇禧部先於何應欽部入浙，係由江西直趨浙江衢州，而非由福建延平、建甌越仙霞嶺。按北伐戰史，1927年1月下旬，白崇禧部入浙後，何應欽以浙西戰局日趨緊張，曾以東路軍在閩各縱隊分三路向浙江江山、處州、溫州進兵，復於2月6日由南平經建甌、浦城、仙霞關、江山進抵衢州，可知東路軍一部確由建甌越仙霞嶺入浙，故喬家才此說有誤。參見《東路軍北伐作戰紀實》（臺北：國防部史政編譯局，1981），頁65；《何應欽將軍九五紀事長編》（臺北：黎明文化，1984），頁132。

初從事情報工作是受胡靖安之邀,而非奉蔣中正之命參加北伐東路軍,更沒有在北伐之前「就替蔣介石充當特務」。據此可以確定,戴笠最初從事情報工作是在 1927 年夏隨黃埔軍校騎兵營北上以後,而非 1927 年 4 月北伐東路軍攻克上海之前,更非 1926 年 10 月考入黃埔以前。遺憾的是,喬家才的說明文字似乎並未引起學界應有的重視,日後一些學術著作仍然隨意援引文強等人的錯誤說法,且未受到學界的質疑。因此筆者不避繁冗,再將諸說之異同、正誤縷述如上。

至於戴笠開始從事情報工作的具體時間,仍可進一步考察。首先來看戴笠隨騎兵營北上的時間,據喬家才說是在 6 月以後:

> 有一件事情,我記得非常清楚。十六年六月三日,黃埔特別黨部籌備委員會在俱樂部召開全校代表大會,選舉執監委員……新黃埔特別黨部成立以後,接著舉行第一次執監委員聯席會議,劉鳳龍、刁本卿和我三個人當選為常務委員,謝靈石當選為常務監察委員。我們四個人經常住在特別黨部,辦理全校的黨務工作。戴先生是騎兵營營黨部的執行委員,曾來特別黨部接洽黨務,我們才第一次見面,確實的時間我已記不清楚,可能是六月下旬。以此推算,騎兵營開拔的時間應該是六月以後,那麼戴先生到上海不會在七月

以前。[12]

　　喬家才的敘述頗能得到原始文獻的印證。查黃埔校史，6月16日，開黨員大會，慶祝清共後特別黨部改選成功。改選後之特別黨部，下轄入伍生騎兵營黨部，有執行委員五人、候補委員三人、監察委員二人。[13]再查當時報載，黃埔軍校騎兵營由廣州北上，於6月30日下午抵上海，乘滬寧專車轉往南京，駐小營訓練。[14]

　　戴笠北上的時間雖然確定，但他追隨胡靖安從事情報工作的時間卻有兩種說法。第一種是據戴笠自述，在1927年7至8月間，亦即他尚未離開騎兵營之時：

　　回憶民國十六年七八月的時候，我是在××

×部底下做事情，但究竟做的甚麼事？沒有幾個人知道！有不有名義？沒有！有不有薪餉？也沒有！當時如果有人到×××部去會我，恐怕連名字都找不到！[15]

　　第二種是喬家才、唐良雄的說法，他們認為戴笠追隨胡靖安是在8月13日蔣中正下野以及他離開騎兵營以後。喬家才說：

12　喬家才，〈訂正有關戴先生的史料〉，頁100-101。
13　中央陸軍軍官學校編，《中央陸軍軍官學校史稿》，第4篇，頁64-65。
14　〈南京快信〉，《申報》，1927年7月2日。
15　國防部保密局編，《戴先生遺訓》（南京：國防部保密局，1948），第1輯，頁99。此段被隱去之兩處文字均係「總司令」。

我記得胡（靖安）主任和葉科長參加過黃埔特別黨部
第一次執監委員聯席會議以後，沒有幾天功夫，就匆
匆忙忙離粵北上，大概是六月下旬。胡靖安先生到達
南京，領袖還沒有辭去國民革命軍總司令的職務，可
能交付他若干任務，搜集情報，就是主要任務之一。
戴先生隨騎兵營北上不久，領袖辭職，騎兵營開到蘇
州，沒有人管，經費沒有著落，營長沈振亞的夫人拿
出她的全部首飾變賣了，才能維持騎兵營的伙食。有
些同學不忍加重沈營長的負擔，跑到上海自謀生活，
戴先生就是其中的一個，他到上海後，就幫助胡靖安
先生搜集情報。[16]

唐良雄說：

據一位曾在軍校入伍生部與戴氏同寢室之黃漢英說：
「騎兵營駐防蘇州時，我正在上海，不久戴笠亦自蘇
州來，有一段時間我們同住在一起。他白天甚少在
家，看似十分忙碌，回家以後，常在深夜伏案寫作，
問他所作何事，總是笑而不答。以後，我才知道他是
在作情報工作。」這一段話證明戴氏到上海即與胡靖
安已取得聯絡，負有工作任務……
胡靖安任職政治部主任不久，因與方鼎英不睦，仍回

---

16 喬家才，〈訂正有關戴先生的史料〉，頁 103-104。

總司令部供職，一度充任侍從武官。蔣公下野，他到
上海，聯絡軍校同學，搜集各種情況，以學生名義提
供蔣公參考。最早應胡靖安之邀參加工作的，戴氏之
外，有蔡勁軍、成希超、許宗武〔忠五〕、王兆槐、
東方白、廖武郎等，稍後又有喬家才等參加，均為黃
埔學生。[17]

　　上述兩種說法，各被若干著作採用，惟各著作均未說
明史料取捨的根據，因此筆者擬就此問題再作分析。

　　誠然喬家才、唐良雄的說法有其合理性，因為按照戴
笠自述，他七、八月間就去總司令部工作了，可是這樣一
來便引發一個問題，他當時尚未離開騎兵營，如何能一面
在營中受訓、一面為胡靖安搜集情報呢？不過文強曾轉述
騎兵營營長沈振亞的一段談話，恰可證明戴笠所述無誤，
據稱：

一九四二年春，我在蘭州會到當年在黃埔六期騎兵科
當過騎術教官的許〔沈〕振亞，⋯⋯我們談到戴笠當
年在騎兵科學習和生活情況。許〔沈〕振亞說：「這
位比烈馬還難馴服的學生，他學騎兵，是三天打魚兩
天曬網，高興就請假往上跑，自習時就寫信，大家很
懷疑他，怎麼那麼多信要寫？以後才瞭解他是跑上

---

17 唐良雄，《戴笠傳》，頁 35-36。

頭，通天到校長（指蔣介石）那裡，寫信也是送校
長，來頭大，誰敢惹？」[18]

　　查當年《申報》刊登的兩則啟事，又可佐證戴笠、文
強的說法。一是 1927 年 7 月 8 日騎兵營刊登的尋人啟事：
「江山戴春風鑒：假滿回連。如有戴君好友知其行蹤者，
即懇轉知，以免各同志懸念。甯入伍生騎兵營啟。」[19] 一
是次日戴笠在《申報》、《新聞報》刊登的啟事：「笠因
事留滬已週日矣，致勞本營同志之盼懸，除於本日赴甯銷
假、照常操課外，特登申、新兩報，謹告遠道親友，勿以
為念。」[20] 由此可知，戴笠早在騎兵營受訓時亦即 1927
年 7 月間，就已心不在焉，常常離營去上海為胡靖安搜集
情報了。

二、戴笠最初的情報工作名義是什麼？

　　戴笠追隨胡靖安之初，是以何種名義從事情報工作
呢？按他自己的說法，是在國民革命軍總司令部工作，但
並無名義，而且他也沒有提到胡靖安和他的上下級關係。
其他軍統中人的說法更五花八門。
　　趙龍文說，胡靖安是總司令部機要祕書兼特務組長，

18　沈醉、文強，《戴笠其人》，頁 185-186。
19　〈江山戴春風鑒〉，《申報》，1927 年 7 月 8 日。
20　〈戴笠啟事〉，《申報》，1927 年 7 月 9 日。

戴笠是特務組員；[21] 費雲文說，胡靖安是蔣中正的侍從副
官，戴笠是情報員；喬家才說，胡靖安是偵查組長，戴笠
是偵查組員；程一鳴說，胡靖安是蔣中正的侍從，戴笠
「以學生的身分向蔣介石遞送軍事情報」；魏大銘說：
「克復京滬後，胡靖安先生在上海邀戴先生參與總司令部
密查組工作。」唐良雄說，胡靖安領導聯絡組，戴笠應邀
參加工作；毛鍾新說，胡靖安是密查組長，戴笠是胡「最
得力的幫手」；黃康永說，胡靖安是侍從室情報小組組
長，戴笠是組員。[22] 種種說法，不一而足。對此問題，
相關著作多予迴避，惟張霈芝、魏斐德明言戴笠參加的
是「密查組」，卻未註明原始出處。[23]

　　此一問題之所以眾說紛紜，是因這段歷史太過久遠，
瞭解其內情者極少，趙龍文等人雖是軍統元老，卻與當時
的戴笠毫無交集，算不得親歷者。而戴笠演講時自稱當時
沒有名義，或係公開場合顧忌較多之故。事實上，關於戴
笠最初的工作名義，有四位重要知情者的說法最值得參

21 趙龍文，〈戴雨農先生〉，《中外雜誌》，第 1 卷第 3 期（1967.5），頁
　　12。軍統元老王孔安亦稱胡靖安為總司令部特務組長，見鄭修元，〈黃埔
　　同學中最傑出的兩位將軍——胡宗南與戴雨農〉，《春秋》，第 4 卷第 2
　　期（1966.2），頁 29。

22 諸說分別見於費雲文，〈戴雨農其人其事（一）〉，《中外雜誌》，第 19
　　卷第 3 期（1976.3），頁 10；喬家才，〈鐵血精忠傳（二）〉，頁 66；程
　　一鳴，《程一鳴回憶錄》，頁 27-28；魏大銘，〈評述戴雨農先生的事功
　　（下）〉，《傳記文學》，第 38 卷第 4 期（1981.4），頁 95；唐良雄，《戴
　　笠傳》，頁 36-37；毛鍾新，〈漂泊西南天地間——戴笠別傳之八〉，《中
　　外雜誌》，第 32 卷第 1 期（1982.7），頁 130；黃康永，〈我所知道的戴笠〉，
　　頁 154。

23 張霈芝，《戴笠與抗戰》，頁 26；魏斐德，《特工教父：戴笠和他的祕勤
　　組織》，頁 63。

考，即胡靖安、徐鑄成、郭旭和蕭烈。

　　首先是胡靖安本人曾說明，他北上後擔任國民革命軍總司令部密查組組長：「國民政府奠都南京之後，一般反動分子尚未澈底肅清，還不斷作種種非法活動，為防範未然計，有繼續加以清除之必要，遂在國民革命軍總司令部設立密查組，專負此種責任。校長因為我做事認真，對黨忠實，派我兼任密查組組長。」[24]

　　其次是老報人徐鑄成曾轉引一位對戴笠很熟識的人士撰寫的材料，稱胡靖安當時是密查組組長，戴笠被選為組員之一：「北伐時，蔣在黃埔的親信中，挑選了一批心狠手辣的人，在總司令部內，成立了一個密查組，專門偵察思想左傾或不忠於他的人，派他的侍從祕書胡某兼任組長，戴被選為組員之一。一九二七年秋，寧漢合流後，蔣第一次下野前夕，把這個組撤銷，發了一筆遣散費。」[25]另據軍統舊人郭旭回憶：

　　　戴笠去黃埔軍校第六期騎兵科混了一個時期，沒有畢業，便離開去給蔣介石作搜集情報的特務活動，以後蔣在國民革命軍……總司令部成立一個密查組，派侍從副官胡靖安為組長，戴笠、許忠五、成希超和東方白等為該組組員。這時即初步建立了小型的特務機構，為蔣調查異己分子的活動和所屬部隊各部隊長對

24　胡靖安，〈奮鬥三十七年的我〉，頁19。
25　徐鑄成，《杜月笙正傳》（杭州：浙江人民出版社，1982），頁96-98。

他是否忠實及一般軍風紀的情況。不久蔣第一次下野，赴日本前夕，將這個密查組撤銷，並發給該組三個月維持費。[26]

查郭旭是 1935 年 1 月參加特務處工作的，他固然不是密查組的親歷者，但他在下文曾交代這段說法是源自戴笠的親口講述，這就很值得重視了。再將郭旭與徐鑄成、張霈芝、魏斐德等人的文字對照，可知徐鑄成等人的說法均是源自郭旭。[27]

最後是曾任密查組副組長蕭烈的回憶，蕭烈撰有專文，詳述密查組概況，略謂：1927 年 6 月，國民革命軍總司令部成立密查組，由蔣中正親自掌握指揮，以胡靖安為組長，蕭烈為副組長，下轄總務、偵緝、審訊三股，分別以徐自強、張介臣、張晴舫為股長，各股轄組員若干人，主要人員有總務股組員黃安祿、偵緝股組員且司典、許忠五、董達夫、盧耀峻、戴笠、東方白、審訊股組員許子斌、簡錫恩等。[28]

蕭烈所述密查組之成立時間及人事情形，頗有佐證：查蕭烈本人於 1939 年 4 月在中央訓練團黨政訓練班畢業生調查表上填寫：1927 年 6 月至 7 月，任國民革命軍總

---

26 郭旭，〈杜月笙與戴笠及軍統的關係〉，頁 322。

27 1949 年後，徐鑄成與郭旭均居上海，兩人熟識，曾一同參加政協會議，見《徐鑄成日記》（北京：三聯書店，2013），頁 367。

28 蕭烈，〈國民革命軍司令部密查組概況〉，《文史資料存稿選編》，第 15 冊（北京：中國文史出版社，2002），頁 68-69。

司令部密查組副組長；同年 7 月至 8 月，任組長。[29]再查
東方白自述云：「民國十六年三月清黨，六月奉派國民
革命軍總司令部密查組，隨總司令蔣工作。」[30]又查〈且
司典將軍革命事蹟暨傳略〉云：「民十六三月，將軍在武
昌軍校兵工科，適寧漢分裂……六月脫險到南京，即派
充總司令部密查組組員。八月總司令下野，調黃埔同學會
服務。」[31]

根據上述各條記載，完全可以確定，戴笠最初的工
作名義是國民革命軍總司令部密查組組員，該組成立於
1927 年 6 月，以胡靖安為組長。另由郭旭、蕭烈、且司
典等人的說法可知，密查組至蔣中正下野時亦即 8 月中
旬就結束了，總計存在時間不過兩個月。由於存在時間
短，參加人數少，遂使這段歷史湮沒不彰。在此有必要
指出，若干情報局出版品認為密查組一直延續到 1931 年
12 月甚至 1932 年 3 月，[32]有些軍統舊人再據此認為密查
組是軍統特務組織的前身，[33]這都是錯誤的。

另需補充說明的是：胡靖安曾於 1940 年前後擔任軍
統息烽訓練班副主任，他的自述刊載於該班內部傳閱之小

29　〈蕭烈〉，《軍事委員會委員長侍從室檔案》，國史館 129-010000-0599。

30　〈東方白〉，《軍事委員會委員長侍從室檔案》，國史館 129-070000-1401。

31　行政院國軍退除役官兵輔導委員會計畫委員會編，《生命的光輝》（臺北：
國軍退除役官兵輔導委員會，1968），頁 71。

32　國防部情報局編，《國防部情報局史要彙編》上冊，頁 1；《戴雨農先生傳》，
頁 20。

33　沈醉，《軍統內幕》（北京：文史資料出版社，1985），前言；魏大銘，〈評
述戴雨農先生的事功（上）〉，《傳記文學》，第 38 卷第 2 期（1981.2），
頁 41。

冊《息烽訓練集》上，流傳極罕，迄未被人注意；徐鑄成
並非軍統中人，他是在撰寫《杜月笙正傳》時偶爾提及這
段歷史，因為不是專記戴笠與軍統史事的書，亦未被人注
意；郭旭的回憶刊在《上海文史資料選輯》上，流傳較
廣，但讀者如果沒有看到他的說法源自戴笠自述，也不
會引起重視；蕭烈的回憶則撰寫於 1989 年，且遲至 2002
年始刊載於《文史資料存稿選編》上。這四條關鍵記載，
或不易被人注意，或公開時間較晚，這也是造成密查組歷
史鮮為人知的原因之一。

《息烽訓練集》書影

資料來源：　中央警官學校特種警察訓練
　　　　　班編印，《息烽訓練集》
　　　　　（1941）。筆者翻攝。

密查組部分成員照片

密查組組長
胡靖安

資料來源：編者不詳，「中國國民黨陸軍
　　　　　軍官學校第二期同學錄」（出
　　　　　版年不詳）。筆者翻攝。

密查組副組長
蕭烈

資料來源：中央軍事政治學校編印，《中
　　　　　央軍事政治學校第五期同學
　　　　　錄》（1927）。單補生先生藏。

偵緝股股長
張介臣（原名張个臣）

資料來源：中央軍事政治學校編印，《中
　　　　　央軍事政治學校第五期同學
　　　　　錄》（1927）。單補生先生藏。

審訊股股長
張晴舫

資料來源：中央陸軍軍官學校編印，《中
央陸軍軍官學校政訓研究班同
學錄》（1933）。于岳先生藏。

總務股組員
黃安祿

資料來源： 中央軍事政治學校編印，《中
央軍事政治學校第五期同學
錄》（1927）。單補生先生藏。

偵緝股組員
且司典

資料來源： 中央軍事政治學校編印，《中
央軍事政治學校第五期同學
錄》（1927）。單補生先生藏。

偵緝股組員
董達夫

資料來源：中央軍事政治學校編印，《中
央軍事政治學校第五期同學
錄》（1927）。單補生先生藏。

偵緝股組員
盧耀峻

資料來源：中央軍事政治學校編印，《中
央軍事政治學校第五期同學
錄》（1927）。單補生先生藏。

審訊股組員
簡錫恩

資料來源：中央軍事政治學校編印，《中
央軍事政治學校第四期同學
錄》（1926）。單補生先生藏。

三、戴笠在蔣中正第一次下野期間從事了什麼活動？

　　1927 年 8 月蔣中正因寧漢分裂而下野，至 1928 年 1 月復任國民革命軍總司令。關於戴笠在蔣中正第一次下野五個多月期間的活動情形，歷來訛傳不少，相關著作亦多語焉不詳，現擬綜合考察若干知情者的憶述，對相關說法進行考辨，期能為這段隱祕的歷史補充若干可信的材料。

　　蔣中正下野之初，密查組人員遣散，戴笠則離開騎兵營，往上海繼續追隨胡靖安活動。[34] 9 月 22 日，蔣中正決定出洋考察，遂離鄉赴滬，旋於 9 月 28 日東渡日本，停留月餘，至 11 月 10 日返滬。在蔣中正赴日期間戴笠的活動情形，過去軍統方面有不少誇大的記載。如《年譜》稱，戴笠為蔣中正搜集情報，並聯絡黃埔學生電懇蔣中正返國復職：

> 八月十五日，蔣公為促成寧漢團結，辭去本兼各職，回鄉掃墓，旋即東渡日本。在此期間，時局動盪，關係黨國前途至大。先生〔戴笠〕一面繼續調查搜集軍政情報，密報蔣公，一面聯絡黃埔同學現任團長以上者十二人，電懇蔣公返國復職。[35]

34　郭旭，〈杜月笙與戴笠及軍統的關係〉，頁 322。
35　國防部情報局編，《戴雨農先生年譜》（初版），頁 12。

　　軍統元老鄭修元日後撰寫〈戴雨農其人其事〉長文，曾照抄《年譜》的記載。[36]另一軍統元老趙龍文則在《年譜》的基礎上加以發揮，他說戴笠作為特務組〔實為密查組〕組員，曾在蔣中正赴日前夕單獨謁蔣，奉蔣發給密碼本，此後為蔣提供各方情報，使蔣決心返國：

　　總司令因寧漢分裂，引咎下野，特務組之十位組員，每人發一枝手槍，負保衛總司令坐火車到上海高昌廟上船。到了輪船碼頭，大家認為任務達成了，都回去南京。只有戴先生一個人登上了輪船，去見總司令。「報告校長，我是黃埔六期學生戴笠，校長這次去日本，當然準備東山再起的。在日本不可以不明白本國軍政實況，請發一本密碼給我，以便隨時提供情報。」總司令一見他雙目炯炯，又聽他自動提出此項建議，心裡很贊許他的識力和膽量，經過證明身分無誤以後，馬上給他一本密碼。船開了，留給戴先生的是一本密碼和偉大的政治使命。
　　他於是馬上回到江山故里，廉價出賣了兩塊毛竹山，作為此後的川旅費。此後每日一個電報，分析政情和敵我雙方的形勢，遍走大江南北，深刻地瞭解各地駐軍的心理和帶兵官的向背，作了系統的分析。這才使總司令下決心返國。[37]

---

36 喬家才，〈訂正有關戴先生的史料〉，頁103。
37 趙龍文，〈戴雨農先生〉，頁12。

趙龍文

資料來源：浙江省警官學校編印，《浙江
　　　　　省警官學校一覽》（1935）。
　　　　　筆者翻攝。

　　又有軍統人員楊明堂對《年譜》及趙龍文的說法予以
援引，並加上戴笠發動京滬輿論的情節：

　　領袖由奉化轉滬，乘輪赴日本。領袖登輪未發時，戴
　　先生請求晉謁，當蒙領袖召見，戴先生乃得當面陳辭
　　謂：「國事如此，應作安排，請發密電本一冊，以便
　　於領袖離國期間，得隨時將國內情況報告，俾作參
　　考。」領袖聽了之後，頗為嘉許。……
　　領袖下野出國，群情惶惑，戴先生乃廢寢忘食，奔走
　　各地，每日必將各方情報電達東京，使領袖雖遠離祖
　　國，而對國內情狀仍能瞭若指掌。戴先生又奔走聯
　　絡，以胡宗南為首，聯名請求領袖速行返國復職……
　　同時又發動京滬各地的輿論，敦促領袖返國視事。領

袖因於民國十七年一月四日返國復職。[38]

　　上述文字為了凸顯戴笠在蔣中正復職過程中扮演的角
色，隻字未提胡靖安，因而遭到了喬家才的質疑，他說：
「民國十六年，戴先生不過是一個軍校未畢業的學生，階
級是陸軍中士。不但沒有資格繼續搜集情報密陳蔣公，就
是聯絡十二位現任團長也還不夠格，怎麼能領銜電懇蔣公
返國復職呢？這一件事情的主角是胡靖安，不是戴先生，
胡先生曾親口告訴過我經過詳情，至今記憶猶新。胡靖安
先生一生只有這件事情最得意，怎麼能把胡先生最得意的
事情寫在戴先生賬上呢？」[39]

　　喬家才對趙龍文和楊明堂的記述尤其不以為然，痛責
道：「捧人也得有分寸，捧過了頭失其真，就成了造謠吹
牛。」「捧離了譜，就會成為笑話。」並具體指出：「中
央軍校編制，入伍生為上等兵，分科後為中士。戴先生不
過是一位中央軍校騎兵科的中士學生，不但沒有資格在蔣
公登輪未發時召見他，就是胡靖安在當時恐怕也沒有這種
資格。戴先生連碼頭也進不去，更談不到請求晉謁。蔣公
的密電本再亂發，也不會發給一位中士學生，這事近乎天
方夜譚，很難令人相信。」還說：「蔣公赴日後，聯絡同
學、報告國內情況的是胡靖安，不是戴先生。」「至於說

38　楊明堂，《從無名英雄到有名英雄──戴雨農先生的奮鬥歷程》（臺北：
　　正中書局，1976），頁22。
39　喬家才，〈訂正有關戴先生的史料〉，頁103-104。

戴先生發動京滬各地的輿論，敦促蔣公返國視事，試閉上眼睛想一想，有這種可能嗎？戴先生憑什麼發動京滬輿論，他自己沒有報紙，不是社會上的聞人，有什麼力量來發動？」[40] 除喬家才外，毛鍾新也曾委婉表示：「以當年戴笠與趙龍文關係之密切，所述應當可靠，而事實上卻要存疑。」[41]

喬家才之所以強烈質疑趙龍文等人的說法，除因他對黃埔編制十分瞭解以及曾聽胡靖安講述當時經過外，更與他追隨胡靖安活動的親身經歷有關。1927年11月，喬家才因廣州局勢動盪，與幾名黃埔同學逃來上海，不久應胡

---

40 喬家才，〈辯誣〉，頁 100-101。

41 戈士德，〈胡宗南與戴笠（下）〉，《中外雜誌》，第 31 卷第 4 期（1982.4），頁 33。戈士德為筆名，就其所述內容觀之，頗有外界難悉的內情，決非一般人士所能憑空製造，故其真實身分當係某軍統元老，惟《中外雜誌》對此並無說明。筆者將戈士德在《中外雜誌》發表之文字與同時期毛鍾新發表之文字相比對，發現二者不僅寫作風格相似，更有若干細節高度重合，而這類細節從未見諸他人之記述。茲舉兩例，例一，戈云：「〔戴笠〕在總司令侍從室也有名義，職員名牌掛在牆上，戴笠名義是副官，任務是調查，很長一段時間，侍從室中人叫他戴副官。」見《中外雜誌》，第 31 卷第 4 期，頁 33。毛文：「戴笠先生在北伐期間，他的職務是總司令部密查組組員、總司令侍從室副官，那時用人不多，牆上掛塊名牌，標明侍從人員的職務和任務，戴先生的任務是調查。有很長一段期間，侍從人員叫他戴副官。」見《中外雜誌》，第 32 卷第 2 期，頁 52。例二，戈文：「他〔戴笠〕單槍匹馬作軍事調查時，在徐州住小旅館，先盛水擦桌子，換幾盤水，擦了又擦，再用白紙糊牆壁，等到糊好時，天已亮了。」見《中外雜誌》，第 31 卷第 4 期，頁 34；毛文：「有一次在徐州住小旅館，房間甚骯髒，他〔戴笠〕先盛水擦桌子，再去買白紙糊牆壁，糊天花板，等到糊好，看去合乎整潔要求，天已快亮了。」見《中外雜誌》，第 31 卷第 6 期，頁 124。可知戈士德當係毛鍾新之筆名。毛鍾新在同一雜誌分別使用真名、筆名之原因，當與各文之主題不同有關，查戈士德發表者為〈胡宗南與戴笠〉三篇及〈戴笠與周偉龍〉三篇，毛鍾新發表者則為〈為戴笠先生白謗辯誣〉三篇及〈戴笠將軍別傳〉十一篇。關於此點，《中外雜誌》尚有類似情形可供查證，如戴笠舊屬費雲文曾以真名發表〈戴雨農其人其事〉等九篇關於戴笠史事的文章，另以筆名「孫開運」發表〈吳佩孚的一生〉等十二篇其他民國歷史人物之傳記，參見費雲文，〈七十雜憶（下）〉，《中外雜誌》，第 41 卷第 2 期，頁 79。

靖安之邀從事情報活動，與戴笠共事了一個多月，後因對
這項工作缺乏興趣，於 1928 年 1 月回到軍校歸隊。喬家
才對這段經歷印象深刻，曾有十分詳細的回憶。[42]

　　有了喬家才的質疑，《年譜》再版時雖然仍稱戴笠
「不因蔣公下野而動搖心志，仍繼續調查搜集軍政情報密
報蔣公」，但刪去了「聯絡黃埔同學現任團長以上者十二
人電懇蔣公返國復職」等字樣。情報局《戴雨農先生傳》
（以下簡稱《傳記》）則根據喬家才的回憶，明言戴笠當
時是在胡靖安手下從事情報工作：

> 胡靖安自離開黃埔以後，回到上海擔任蔣總司令的侍
> 從副官，並負責搜集情報。因為在廣州和戴先生有密
> 切的接觸，對他的為人和才幹也有比較深刻的認識，
> 於是找他幫忙，擔任情報員。喬家才也被羅致為交通
> （傳遞情報和公文），是臨時性的……喬家才幹了一
> 個月，覺得不大合適，就辭掉職務……戴先生則幹得
> 相當出色，而也興緻很高，有時為了搜集一件情報，
> 甚至廢寢忘餐。[43]

　　喬家才的質疑影響了官方敘述，官方敘述的調整則影
響了歷史學者的書寫，日後唐良雄、張霈芝、江紹貞、馬

42　喬家才，〈從羊城暴動到西子風波獄〉，《中外雜誌》，第 8 卷第 5 期
　　（1970.11），頁 42-43。
43　國防部情報局編，《戴雨農先生傳》，頁 12。

振犢等人的著作基本沿襲了《傳記》的說法，即泛稱戴笠
在此一時期追隨胡靖安從事情報工作，而對戴笠個人的活
動著墨甚少。[44]

　　除上述說法外，戴笠為胡靖安抱孩子之說也有相當影
響。軍統舊人程一鳴說：「胡靖安說過：『戴笠沒有什麼
了不起，他是給我抱孩子的。』戴笠向蔣介石遞送軍事情
報時，胡靖安是蔣介石身邊的侍從。戴笠想把軍事情報
遞給蔣介石，必須由胡靖安轉給蔣，戴笠為了討好胡靖
安，常常到胡家去為胡靖安抱孩子。」[45]軍統元老毛鍾新
也說：「戴笠在領袖回到上海以後，晉京以前，和胡靖安
有聯絡，搜集上海地區情報，胡靖安那時任侍從副官……
據戴母藍太夫人親口說：『只是住在胡靖安家裡，給胡靖
安太太抱孩子。』似乎並未受重用。」[46]另有軍統舊人張
盛吉說：「1927年，國民黨政府遷都南京，胡靖安回到
蔣介石的侍從室任隨從副官。當時，他的家眷寄居上海法
租界。某日，戴笠到胡靖安家，稱胡靖安為老師，甜言蜜
語，卑躬屈膝，請求胡幫忙找工作。胡靖安告他，軍委會
的下級軍官沒有空缺，無法安排工作，戴笠說：『只求一
個安身之所，一日三餐，什麼工作都行。』打這以後，戴
笠經常到胡靖安家，每進門即為之掃地抹桌子，後來乾脆

44 參見唐良雄，《戴笠傳》，頁36-37；張霈芝，《戴笠與抗戰》，頁26-27；江紹貞，《戴笠和軍統》（北京：團結出版社，2009），頁16-18；馬振犢、邢燁，《戴笠傳》（杭州：浙江大學出版社，2013），頁25-26。
45 程一鳴，《程一鳴回憶錄》，頁29-30。
46 戈士德，〈胡宗南與戴笠（下）〉，頁32-33。

把行李搬進胡靖安家，寄居不走，每天為胡家上街買菜、燒飯做菜、帶小孩。」[47]

　　以上三人的說法分別源自胡靖安本人及戴母藍月喜的口述，自有相當的可信性。胡靖安之所以口述當時經歷，緣於他在 1927 年短暫領導戴笠後，不久即赴德國進修，在他出國期間，戴的事業蒸蒸日上，迨他回國，戴的身分地位已今非昔比，而他因為言論不檢，長期未獲蔣中正的任用。[48]直至抗戰期間，胡靖安始奉蔣中正之命助理戴笠工作，他以黃埔二期學長、昔日上級來助理六期學弟、昔日部屬，時常大發牢騷，加以心高氣傲之個性，[49]遂常向軍統中人暢談他早年領導戴笠的經歷。[50]

　　戴笠追隨胡靖安從事情報活動以及為其打理家務這類說法，誠然在一定程度上反映了事實，但其局限也很明顯，即對這一時期戴笠所扮演的角色貶抑過甚。具體而言：喬家才只在 1927 年 11 月下旬之後的一個月間追隨過胡靖安並與戴笠共事，他對 11 月下旬以前戴笠的活動情形並無直接瞭解，因此他誤認為戴笠投奔胡靖安是 8 月中旬以後的事情，而不清楚戴笠早在 7 月已經加入密查組；

47　張盛吉，〈胡靖安的浮沉錄〉，頁 154。

48　〈戴笠電蔣中正〉（1937 年 5 月 2 日），《蔣中正總統文物》，國史館 002-080200-00482-012。

49　此係軍統元老黃天邁所轉述戴笠對胡靖安之評語。另查侍從室人事登記資料，對胡靖安亦有「性驕傲，有目中無人之概」之調查報告。〈胡靖安〉，《軍事委員會委員長侍從室檔案》，國史館 129-020000-2622。

50　沈醉、文強，《戴笠其人》，頁 185；黃天邁，〈戴笠的生活片段（三）〉，《中外雜誌》，第 43 卷第 1 期（1988.1），頁 75。

又胡靖安是戴笠從事情報工作的領路人，戴笠幫其打理
家務是在情理之中的，但這並不意味著戴笠的工作僅僅
是「給胡靖安太太抱孩子」，這是顯而易見的。

　　就筆者所見，關於這一時期戴笠的活動情形，尚有三
段關鍵記載迄未得到歷史學者的重視。首先是胡靖安自述
云：「校長下野後，我與 R 同學不避艱苦，終日為著維
繫黃埔的革命力量而奔走聯絡」，「我們不顧一切從事於
團結同學與歡迎校長返國的工作」。[51] 胡靖安提到的「R
同學」是否指戴笠固然不易確定，但至少可以說明當時
從事「歡迎校長返國」工作且發揮重要作用的不止胡靖
安一人。

　　其次是軍統元老鄭修元曾轉述另一軍統元老王孔安談
話稱：

　　　民國十六年寧漢分裂，領袖下野時，胡宗南先生任國
　　軍第一師旅長，駐地似在河南之開封、鄭州等地。由
　　原在總司令部負責特務組之胡靖安先生介紹戴先生密
　　赴胡宗南先生軍次，擔任聯絡任務，並得胡先生之支
　　援協助，從事軍事調查工作及暗中廣事聯絡在軍中供
　　職之各期黃埔同學，慰勉其應仍各就崗位，團結同
　　學，保持力量，安心繼續為黨國效忠，不可因為校長
　　之一時下野而灰心餒志。[52]

51　胡靖安，〈奮鬥三十七年的我〉，頁 20。
52　鄭修元，〈黃埔同學中最傑出的兩位將軍——胡宗南與戴雨農〉，頁 29。

　　王孔安與戴笠為黃埔六期同學，彼此相知甚深，他於畢業後奉派第一師見習，對第一師的情況也很瞭解，故其談話極可徵信，惟細節有若干錯誤。[53] 按蔣中正下野期間，胡宗南擔任第一師副師長兼第二團團長，而非第一師旅長；其駐地初在杭州，後進軍蚌埠、徐州、濟南、曲阜等地，至於胡宗南擔任第一師第二旅旅長及駐軍開封、鄭州則是 1928 年 6 月北伐完成以後的事。雖然有這些細節問題，王孔安所述胡靖安派戴笠聯絡胡宗南一事仍是相當可靠的。鄭修元撰寫此文時，胡靖安夫人還曾專門檢出當時胡靖安、胡宗南與戴笠的合影一幀，交由鄭修元製版，刊出為證。

　　此外尚有一條史料可佐證戴笠聯絡胡宗南之事，據曾在胡宗南部任職的孟丙南說：「胡宗南在劉峙部任團長時，戴笠曾充胡團部的中尉副官。」[54] 按胡宗南於 1926 年 7 月升任第一軍第一師第二團團長，1927 年 5 月升任第一師副師長仍兼第二團團長，11 月升任第二十二師師長。劉峙則於 1927 年 9 月升任第一軍軍長，所謂「胡宗南在劉峙部當團長時」當指 1927 年 9 至 11 月間，這正是蔣中正下野、戴笠奉命聯絡胡宗南之時。[55]

---

53 國史館編，《國史館現藏民國人物傳記史料彙編》，第 7 輯（臺北：國史館，1992），頁 11。

54 孟丙南，〈西北王胡宗南〉，《文史資料選輯》，第 18 輯（北京：中華書局，1961），頁 121。

55 軍統舊人章微寒曾援引孟丙南之說，稱戴笠擔任胡宗南團部中尉副官在 1928 年，與胡宗南的任職情況不符，見章微寒，〈戴笠與軍統局〉，頁 82-83。

再次是張盛吉曾轉述胡靖安之談話，謂戴笠曾銜胡靖安之命聯絡衛立煌：

> 1927 年 8-12 月，蔣介石第一次下野，赴日本同宋美齡結婚。這一段時間，胡靖安以隨從副官身分跟隨蔣介石赴日本，負責保衛工作。戴笠則留在胡靖安家料理家務，竭盡忠誠，把胡家弄得井井有條。胡靖安回家後，對戴笠大加讚賞。
>
> 蔣介石第一次下野，不是出自真誠……他離開南京去日本前夕，他的親信劉峙、衛立煌等高級將領趕到溪口送行。蔣介石到日本約一月時間，即寫信給衛立煌，叫衛立煌通電擁護他東山再起，並派胡靖安回國辦理此事。胡靖安隻身回到上海，可是處境艱難，南京的何應欽、白崇禧揚言要殺他，因此只能待在法租界家裡，一籌莫展，不敢外出。胡靖安急中生智，派戴笠持函去徐州見衛立煌，遞交函件和傳告蔣介石的意圖。戴笠充分施展自己的才幹，徐州之行，馬到成功，衛立煌立即通電擁護蔣介石東山再起，重掌大權。大江南北親近蔣介石的軍事首腦也紛紛回應衛立煌的通電，籲請蔣介石回南京復職。何應欽、白崇禧等無可奈何，蔣介石順利返回南京，獨攬黨政軍大權。事後胡靖安將戴笠的功績向蔣介石作了彙報，為

戴笠後來的發跡樹了階梯。[56]

　　按蔣中正下野之初，衛立煌擔任第九軍第十四師師長，率部駐鎮江，10月底率部北進。北伐軍攻克徐州是在12月中旬，斯時蔣中正早已回國，因此張盛吉所謂蔣中正赴日期間衛立煌在徐州云云，必是錯誤，不過戴笠受命聯絡衛立煌並發揮重要作用等主要情節應該不會有錯。

　　以上三段記載雖不能勾勒此一時期戴笠活動的全貌，但足以證明戴笠確曾奉胡靖安之命聯絡胡宗南、衛立煌等軍事將領擁護蔣中正，《年譜》初版所謂「聯絡黃埔同學現任團長以上者十二人電懇蔣公返國復職」以及趙龍文、楊明堂等人的文字雖有誇大的意味，但也絕非毫無根據。

　　1927年8月至1928年1月的五個月間，戴笠不因蔣中正一時下野而動搖心志，不因無名義、無薪餉而怠忽工作，一直留在胡靖安身邊為蔣中正搜集情報、聯絡各方。戴笠這一人生抉擇，對他而言至關重要，他對胡靖安的不離不棄，為他日後受知於蔣中正創造了條件。起初情報局官方追述這段歷史時，只談戴笠的活動，而絕口不提胡靖安的作用，甚至為了凸顯戴笠的地位而虛構了若干事實，使歷史真相遭到扭曲。此後由於喬家才的強烈質疑，情報局官方對之前的記載進行了修正，改稱戴笠是追隨胡靖安從事情報活動，此一說法極大地影響了相關著作的書寫，

56　張盛吉，〈胡靖安的浮沉錄〉，頁154-155。

此外有多位軍統舊人聲稱戴笠當時未受重用、只是「為胡靖安抱孩子」，更對戴笠扮演的角色造成了貶抑。事實上，戴笠追隨胡靖安並為其打理家務的說法固然反映了歷史的片斷與側面，但此一說法也使戴笠在這一時期所發揮的作用遭到弱化，同樣妨礙了後人的客觀認知，需要歷史學者予以辨正。

最後再來略談喬家才著作的局限。喬家才本是戴笠的黃埔六期同學，又是軍統的重要幹部，他晚年在臺致力於戴笠與軍統史事的搜集、整理、考證與編纂工作，訪問過眾多軍統元老，為後世留下了大量珍貴可靠的資料，這些資料幾經出版，廣為發行，在相關檔案未經公布的漫長歲月中，成為人們瞭解軍統內幕的主要途徑之一。此外，喬家才處事認真，下筆謹嚴，他的著作即便與日後新開放的檔案相印證，其錯誤之處也比同類文字少很多。不過正是由於這些優點，也在一定程度上造成了人們對喬家才著作的偏信。

事實上，凡是憶述性質的文字，往往作者對自己親歷之事印象較深，對其他事實則只能憑藉聽聞所得與個人經驗去書寫，這就不免產生錯誤，喬家才的著作也不例外。喬家才為說明戴笠「考取黃埔軍校第六期騎兵科」說法之不妥，而稱黃埔軍校入校後必須經過入伍階段；為反駁王蒲臣對戴笠事蹟之誇大，而未採用戴笠參與騎兵營清黨的說法；為闡述戴笠離開黃埔之原因，聲稱戴笠被控貪汙事

件「全屬捏造」；為說明戴笠為黃埔軍校畢業生，而迴避戴笠並未正式畢業之事實；因對戴笠隨騎兵營北上後的經歷缺乏瞭解，而誤認為戴笠是在蔣中正下野後始追隨胡靖安；又因強調戴笠係追隨胡靖安活動，而使戴笠個人之作用遭到弱化，凡此種種，或失之籠統，或有待商榷，或矯枉過正，卻無一例外對相關著作的書寫造成或多或少的影響。這些問題再次說明，歷史學者對任何著作均不宜偏聽偏信，惟有兼採多元史料相互印證，才有可能最大限度接近歷史真相。

3　戴笠在二次北伐期間的工作名義

　　1928 年二次北伐開始後，戴笠隨軍在前線活動，他常常一人一騎，往返於徐州附近的豐、沛、蕭、碭各縣之間。[1] 關於這段歷史，最大的爭議在於戴笠的任職情況，由於國民革命軍北伐時期之人事檔案留存不多，而刊載人事任命的《國民革命軍總司令部公報》又屬選刊性質，因此戴笠的任職情況迄無原始文獻可憑，只能任由相關人士各執一詞。茲將幾類流傳較廣的說法按照時間順序列述如下，並對其可信度進行分析。

　　第一、按情報局出版品的說法，戴笠是以聯絡參謀名義負責「密查組」或「聯絡組」的工作。這本是兩種說法，因同出一系，且內容相似，故一併予以說明。據《國防部情報局史要彙編》（以下簡稱《史要彙編》）記載：

　　次年（一九二八）一月，領袖蔣公應舉國之請，回京復任國民革命軍總司令。戴先生奉命以國民革命軍總司令部聯絡參謀名義，肩負隸屬該部之「密查組」工作，專司北伐前線軍事情報之調查搜集，此為黨國情

1　徐亮，〈紀念戴雨農先生〉。

報組織之濫觴。[2]

此外，《史要彙編》還附有該局組織遞嬗表，以補充說明密查組的沿革情形：

起訖年月：十七年一月至廿一年三月。

番號：密查組。

成立緣起：革命軍北伐需要，刺探軍情。

地點：南京。

撥編單位或兵源：軍校學生志願參加。

上級：革命軍總司令部。

編制：臨時組織，無固定編制。

備考：戴笠主持工作。[3]

《國防部情報局史要彙編》
書影

資料來源：國防部情報局編印，《國防部情報局史要彙編》（1962）。筆者翻攝。

2　國防部情報局編，《國防部情報局史要彙編》，上冊，頁1。
3　國防部情報局編，《國防部情報局史要彙編》，上冊，頁6。

　　再據情報局《戴雨農先生年譜》（以下簡稱《年譜》）記載：

民國十七年（歲次戊辰，西元一九二八年）先生卅二歲，任國民革命軍總司令部聯絡參謀，主持情報工作。

一月四日，蔣公應全國仰望，返京復任國民革命軍總司令，繼續北伐。當時，北洋軍閥張作霖、孫傳芳、張宗昌等，勾結英日帝國主義，尚圖負隅頑抗，如何迅予敉平，以減少人民因戰禍而遭受之損害，有賴於確切而靈活之軍政情報。總司令部因設立聯絡組，先生奉命以聯絡參謀名義負責主持之。當結合各方忠貞軍事幹部十人，分赴各軍事要地，偵查各方情況，此為黨國有情報組織之嚆矢。[4]

　　情報局《戴雨農先生傳》除摘抄《年譜》之文字外，並補充道：

在總司令部內，恢復並加強原來的情報工作為密查組。胡靖安奉派赴德國學習軍事，蔣總司令命令戴先生以上尉聯絡參謀名義，負責主持。[5]

4　國防部情報局編，《戴雨農先生年譜》（初版），頁12-13。《年譜》初版改《史要彙編》密查組之說為聯絡組，但未說明原因，再版又改聯絡組為密查組，亦不知何據。

5　國防部情報局編，《戴雨農先生傳》，頁13。

　　以上是有關戴笠在二次北伐期間任職情況的最早記
載，因其出自情報局出版品，被視作權威說法，影響甚
廣。日後楊明堂、毛鍾新、毛作元、張霈芝等人均曾援引
「密查組」之說，[6]章君穀、費雲文、王蒲臣、魏斐德
等人則援引「聯絡組」之說。[7]然而詳稽史料，不難發
現這兩種說法均有問題。

　　查密查組成立於 1927 年 6 月，至 8 月中旬蔣中正下
野後即裁撤，具見郭旭、蕭烈等人之文字，《史要彙編》
所載密查組之起訖時間並無根據，不足採信。且胡靖安於
1928 年 3 月 30 日被委任為國民革命軍總司令部少校侍從
參謀，至北伐完成後始赴德國留學，所謂因胡靖安出國遂
由戴笠主持密查組之說，並非事實。[8]

　　再查聯絡組成立於 1931 年 12 月，而非 1928 年 1 月，
已有原始檔案可證。[9]另查戴笠自述云：「記得我們在
民國二十年十二月……以前，只有一個人，或者說一個半

6　楊明堂，《從無名英雄到有名英雄——戴雨農先生的奮鬥歷程》，頁 23；戈
　　士德，〈胡宗南與戴笠（下）〉，頁 33；申元，〈戴笠年譜及其生平事略
　　校勘〉，《衢州文史資料》，第 1 輯（杭州：浙江人民出版社，1986），
　　頁 239-240；張霈芝，《戴笠與抗戰》，頁 28；蕭李居，〈戴笠與特務處
　　情報工作組織的開展，吳淑鳳、張世瑛、蕭李居編輯，《不可忽視的戰
　　場：抗戰時期的軍統局》（臺北：國史館，2011），頁 5；孫瀟瀟，《軍
　　統對日戰揭秘》（北京：團結出版社，2016），頁 2。

7　章君穀，〈戴笠的故事（一）〉，頁 17；費雲文，〈戴雨農其人其事（一）〉，
　　頁 11；王蒲臣，《一代奇人戴笠將軍》（臺北：東大圖書，2003），頁
　　16；魏斐德，《特工教父：戴笠和他的祕勤組織》，頁 82；馬振犢、邢燁，
　　《戴笠傳》，頁 24；馬振犢、邢燁，《軍統特務活動史》（北京：金城出
　　版社，2016），頁 11。

8　國民革命軍總司令部編印，《國民革命軍總司令部公報》，第 3 期（1928.3），
　　頁 87；胡靖安，〈奮鬥三十七年的我〉，頁 24-25。

9　參見本書〈戴笠與聯絡組〉。

人，就是賈╳╳和毛〔我〕。」又說：「從民國十六年起，我們的工作是我一個人做，民國二十一年我們才開始有祕密工作的組織。」還說：「我們的工作發軔於民國十七年，而正式成立組織則在民國二十一年。」[10] 戴笠明言在聯絡組成立以前，隨他活動的只有賈金南一人，且賈金南係勤務兵，只負責照顧戴笠的生活起居，並非正式情報工作人員，故戴笠又有「一個半人」之說，如果戴笠早在北伐時期就已掌握某一情報單位，他又何出此言呢？此外徐亮回憶：「在聯絡組以前，所有一切工作都是戴先生一個人做的。」又張炎元回憶：「戴先生創造我們的工作，最初一個人匹馬單槍往來於中原隴海、津浦之間，搜集戰地情報，真有篳路藍縷以啟山林之慨。九一八事變以後，雖然有了小規模的組織，但也不過在南京雞鵝巷的公館門口打掃了兩間小房子，住上三個人。」[11] 徐亮、張炎元在軍統資歷甚老，尤其徐亮在北伐時期曾與戴笠數次相值於前線，他們的證言均足說明，戴笠在北伐期間絕沒有主持過「密查組」或「聯絡組」。

第二、據王兆槐口述，戴笠是國民革命軍總司令部參謀處的職員：

---

10 國防部保密局編，《戴先生遺訓》，第 1 輯，頁 98。此書根據戴笠訓話整理而成，難免誤聽誤記之處，且匆匆付印，錯漏殊多，本篇「毛」當係「我」之誤，唐良雄強為解釋，謂指「繕寫情報的毛某」，如此則語法不通，且所謂「毛某」亦聞所未聞，殊不足憑，見唐良雄，《戴笠傳》，頁 38。國防部保密局編，《戴先生遺訓》，第 1 輯，頁 126-127、206。

11 徐有威，〈從徐亮的《十年前》看戴笠之早期活動〉，《檔案與史學》，1999 年第 1 期，頁 63；張炎元，〈偉大堅強與我們的工作〉，《健行月刊》，第 56 期（1962.6），頁 23。

我從民國十六年起，就跟隨戴先生在一起工作，委員
長率領革命軍第二次北伐的時候，負責情報處的是胡
靖安先生，戴先生與我都是情報處的職員，當時，戴
先生所負責的地區是隴海路的軍事情報與地方情報工
作，我負責的是津浦路及平漢路的情報工作。[12]

　　查 1928 年 1 月制定的〈國民革命軍總司令部組織編
制表〉，國民革命軍總司令部轄有參謀、副官、經理、軍
法、政治訓練等處，而無「情報處」，所謂「情報處職
員」，當係王兆槐記憶不清，遂臨時提出這一名詞，權
且說明他和戴笠的工作情況。另查參謀處之工作，係承
總司令、參謀長之命處理國防、作戰一切事宜，包括辦
理統計、諜報、調查、聯絡等事務。[13] 又王兆槐曾於是
年 2 月 14 日被委任為參謀處上尉參謀，可知他所謂「情
報處」實為參謀處之誤。[14] 此外，參謀處以葛敬恩、林
蔚文為正副處長，[15] 王兆槐所謂「負責情報處的是胡靖
安」云云，可能是與此前胡靖安負責密查組的情形混淆
了。因此王兆槐日後接受喬家才訪問時，對前說予以大幅
糾正，改稱戴笠是以「上尉聯絡參謀」名義負責情報工

12　王兆槐訪問紀錄，《健行月刊》，第 152 期（1970.3），頁 188-189。
13　〈國民革命軍總司令部組織編制表〉，《國民政府檔案》，國史館 001-012071-00328-011。
14　國民革命軍總司令部編印，《國民革命軍總司令部公報》，第 2 期（1928.2），頁 29。
15　國民革命軍總司令部編印，《國民革命軍總司令部公報》，第 1 期（1928.1），頁 41-42。

作，喬家才曾記其談話稱：

> 王兆槐記得很清楚，十七年第二次北伐時，國民革命
> 軍北伐總司令部設在徐州……參謀處長是林蔚文，他
> 是上尉參謀，主要的任務是遞送重要作戰命令，寫寫
> 通報。戴笠先生也是上尉聯絡參謀，在隴海路、津浦
> 路上從事情報搜集工作。……
> 那時戴先生的經濟情況十分惡劣，做情報是要花錢
> 的，但沒有特別費，只靠上尉薪餉那裡夠用？所以戴
> 老太太每月從江山寄錢給他，維持生活，維持工作。
> 徐州是軍事重鎮，他在徐州連個落腳的地方都沒有，
> 住旅館太費錢，住不起，往往在車站打開行軍床來睡
> 覺。王兆槐十分同情，過意不去，給他介紹了一家印
> 刷店，才算解決了住的問題。[16]

　　王兆槐是為數不多的親歷者之一，他的回憶價值很
高，最值得重視的一點，是他在談話中只提到戴笠是參
謀處的一名聯絡參謀，從未提及戴笠是某一情報單位的
負責人，這從側面證明戴笠沒有主持「密查組」或「聯
絡組」。
　　第三、據若干相關人士說，戴笠是總司令部侍從參謀
或侍從副官，這兩種說法也是大同小異，故一併說明。毛

16　喬家才，〈抗日情報戰（十）〉，《中外雜誌》，第22卷第4期（1977.10），
　　頁42。

鍾新說：

> 戴笠先生在北伐期間，他的職務是……總司令侍從室
> 副官，那時用人不多，牆上掛塊名牌，標明侍從人員
> 的職務和任務，戴先生的任務是調查。有很長一段期
> 間，侍從人員叫他戴副官。[17]

黃康永說：

> 蔣介石認為戴笠有情報才幹，並且十分「忠貞」，就
> 交由侍從室情報小組當組員。當時是由胡靖安擔任組
> 長，胡是黃埔軍校二期畢業生，由於性情暴戾，蔣介
> 石逐漸不加重視，就派戴笠為侍從室參謀，每月撥給
> 他三千元活動經費，要他負責搜集和反映各方面對蔣
> 的言論和活動的情報。從此戴笠就得到蔣介石寵信，
> 蔣認為他是獨特的情報幹才。[18]

又據時任侍從參謀的康澤回憶：

> 4月下旬的一個早上，我到了徐州，當天見到蔣介
> 石……他就下了派我做少校侍從參謀的手令。我在徐
> 州總部侍從室報到以後，知道侍從室裡有侍從參謀

---

17 毛鍾新，〈九州兵革浩茫茫——戴笠別傳之九〉，頁52。
18 黃康永，〈我所知道的戴笠〉，頁154-155。

四五人，在我的記憶中是：宋思一（黃埔一期）、萬
全策（黃埔一期）、朱鵬飛（黃埔二期）、胡靜安
（黃埔二期）等。侍從副官六七人，是：李銑（黃
埔一期）、胡棟臣（黃埔一期）、陳援詩（黃埔一
期）、劉光漢（黃埔四期）、蔡勁軍（黃埔二期）、
戴笠（黃埔六期）等。[19]

所謂侍從參謀或侍從副官，顧名思義，是隨侍總司令
蔣中正活動的，據康澤說，這兩種職位雖然名義不同，但
實際上區別不大，他們的任務是「在蔣介石的辦公室外
面一間房間輪流值日，記錄蔣介石的行動，傳遞來客名
片」，「蔣介石出入，輪流隨從擔任警衛，以及臨時派遣
外，別的無事可做」。不過康澤還說，戴笠的工作與一般
的侍從參謀或侍從副官不同，他並不在蔣中正身邊辦公，
而是經常外出活動：

> 1928 年 5 月，我被調任蔣介石侍從參謀後，才認識
> 他〔戴笠〕，那時他是一個侍從副官的名義，經常穿
> 便衣跑來跑去，沒有在侍從室住過，他究竟是在做什
> 麼事情，我也沒有去過問。[20]

19 潘嘉釗等編，《康澤與蔣介石父子》（北京：群眾出版社，1994），頁
19。
20 潘嘉釗等編，《康澤與蔣介石父子》，頁 257。

　　康澤作為親歷者，所述戴笠擔任總司令部侍從副官一節值得採信。雖然這種說法與王兆槐的「聯絡參謀」之說不同，但二者並不衝突，查王兆槐係於 2 月被委任，康澤則於 4 月被委任，[21] 有可能戴笠先於 2 月前後擔任參謀處聯絡參謀，再於 4 月前後調任總司令部侍從副官。喬家才就曾指出，起初戴笠接替胡靖安的情報工作，名義是聯絡參謀，因其搜集之情報獲得蔣中正的重視，得以調到總司令部工作。[22] 另一方面，康澤提到戴笠經常外出活動的情節，正與「聯絡參謀」擔任戰時聯絡的任務相合，也有可能戴笠在 5 月前後仍在擔任聯絡參謀，同時兼有侍從副官的名義。[23]

　　第四、據鄧展謨回憶，戴笠是徐州戒嚴司令部副官：

　　　我認識戴先生，是在民國十七年，北伐軍克復徐州，
　　　衛立煌膺任徐州戒嚴司令，我奉派充司令部副官處上
　　　尉副官，戴先生暨軍校三期高長發學長，均先我來此
　　　出任少校副官。下車伊始，即承戴先生殷切垂詢，
　　　當告以出身五期炮科，於十五年入伍生時受命隨師北
　　　伐，歷經湖南汀泗橋、湖北武昌、江西牛行車站之
　　　役……戴先生於頻頻點首之餘，並撫肩予以嘉慰，遂

21　〈蔣中正電陳誠〉（1928 年 4 月 4 日），《蔣中正總統文物》，國史館 002-010100-00011-019。

22　喬家才，〈鐵血精忠傳（二）〉，頁 67。

23　聯絡參謀即擔任戰時聯絡之參謀，見王保民編著，《軍用辭典》（漢口：武漢印書館，1931），頁 128。

邀我與其同住一室，敘齒則戴先生長我八歲，朝夕相處，情同手足。……每當我午夜覺醒之際，輒見戴先生於孤燈之下振筆直書，勸其早睡而不納，問何事忙，曰情書，日久疑竇不解，出以拂曉突檢，所獲無一情書，全屬情報，且驚且喜，明告以故，戴先生未加責怪，謂此早在意料中，唯囑嚴守祕密，且不可外泄。之後，我就成了戴先生之私人助手。戴先生經常公差外出，隨帶小皮箱一隻，藤提包一個，分別裝置文書及衣物，另備行軍床一架，則由江山籍王姓勤務兵攜帶，因其最討厭臭蟲，故外出必自備行軍床，兼顧經濟簡便。而每次公差大都十天半月始返，其所經辦之副官業務，固定由我代表……有一次敘談中，我以為何來任此職相質詢，戴先生謂徐州乃古戰場，軍事地位非常重要，津浦、隴海兩路沿線各種狀況，亟須調查明白，然後施為有本。……

迨北伐完成，徐州戒嚴司令部奉令撤銷，當晚戴先生自外歸來，默坐不語，試忖度其心事，可能因毛夫人預定匯款日期未屆，急欲前往南京需要旅費而躊躇，我即將餘薪及編遣費連同鐫有「侃如」二字之金戒一併奉贈，戴先生頗為驚奇，讚譽有加，旋即束裝昼夜兼程赴京，囑於辦完結束事宜後立即前往南京吉兆營公館相見，後承戴先生之介紹，我去整編一師

二旅服務。[24]

鄧展謨的回憶並非孤證，據張盛吉稱：

胡靖安隨蔣介石回到南京後，再轉徐州，與衛立煌軍
長商定，將戴笠以上尉副官名義安排在衛的軍部，薪
餉由軍部發給，工作則不必過問。[25]

按徐州戒嚴司令部成立於 1928 年 4 月，衛立煌於 4
月 8 日兼任徐州戒嚴司令，鄧展謨提到的高長發則於 4 月
18 日被委任為徐州戒嚴司令部少校副官，[26] 故戴笠擔任
少校副官大致也在 4 月。由鄧展謨、張盛吉提到的大量細
節，比如戴笠奉派調查津浦、隴海兩路情形、午夜編寫情
報、經常公差外出、不對衛立煌負責等等，可知在 1928
年 4 至 6 月一段時間，戴笠雖然名義上是徐州戒嚴司令部
的副官，但他的實際任務仍是為總司令部搜集情報，這對
康澤提到的戴笠不在蔣中正身邊工作、經常外出活動等情
節是一個很好的解釋與補充，雙方的說法恰可相互印證。

另據毛鍾新說，戴笠當時還是第一師中校副官：

十七年六月，戴先生回籍省親……到江山保安，攜有

24 鄧展謨，〈一代偉人〉，《健行月刊》，第 176 期（1972.3），頁 26-27。
25 張盛吉，〈胡靖安的浮沉錄〉，頁 155。
26 《國民革命軍總司令部公報》，第 4 期（1928.4），頁 49、81。

名片，上署國民革命軍第一師中校副官。這是黃埔畢
業後第一次回家，攜龍井茶葉、西湖藕粉甚多，對宗
族親友均有饋贈。[27]

　　戴笠擔任「第一師中校副官」可以有兩種解釋：一、
二次北伐期間，第一師是蔣中正的基本部隊，戴笠為便開
展情報工作，遂在第一師取得副官名義。二、胡宗南曾於
1927 年 9 月至 11 月擔任第一師副師長，當時戴笠奉胡靖
安之命聯絡胡宗南，即取得此一名義，至二次北伐期間仍
藉此種名義開展工作。值得注意的是，毛鍾新這段文字是
在戴笠擔任「侍從副官」的前提下進行敘述的，這說明無
論採用何種解釋，「第一師副官」均與「徐州戒嚴司令部
副官」的性質一樣，係戴笠為配合總司令部方面的工作而
擔任的兼職。

1928 年 6 月
17 日，戴笠、
胡宗南、趙龍
文合影於杭州
西湖大佛寺

資料來源：
胡故上將宗南先生
紀念集編輯委員會，
《胡宗南先生紀念
集》（1963），頁
215。

27　毛鍾新，〈九州兵革浩茫茫──戴笠別傳之九〉，頁 52。

在對以上四類說法進行綜合考證分析後，可以基本確定：戴笠在二次北伐期間，不再追隨胡靖安工作，亦未主持密查組或聯絡組，而是「單槍匹馬」從事軍事情報活動，他起初擔任國民革命軍總司令部參謀處聯絡參謀，後來擔任總司令部侍從副官，為便於開展情報活動，還曾取得徐州戒嚴司令部副官、第一師副官的名義。不過想要完全釐清戴笠在這段時間的任職情況，仍有待於更多原始文獻尤其是直接證據的發掘。

4　戴笠何時受知於蔣中正

　　戴笠一生效忠領袖，其事業隨蔣中正之意旨為轉移，他何時受知於蔣中正，無疑是一個值得探究的問題。然而軍統出版品對此一問題的記載頗有不實之處，其他著作的敘述也語焉不詳，筆者有鑑於此，擬以若干當事人的可靠說法為主要依據，同時發掘若干原始史料，對這段歷史重新進行梳理。

一、戴笠何時受知於蔣中正？

　　按軍統官方最初的記載，戴笠早在黃埔求學時期即被蔣中正看重選拔，〈戴雨農將軍行狀〉云：「民國十五年，入黃埔軍官學校，以銳敏機智，為今主席蔣公所識拔。」[1]《國防部情報局史要彙編》亦云：「騎兵營中二十餘名共產黨籍之同學悉被清除，戴先生之貢獻為多，乃得入侍領袖蔣公。」[2] 這類說法顯係誇大之詞，戴笠作為軍校普通學生，雖有協助清黨之功，但尚不足以獲得蔣中正的青睞，實則以他當時的身分，他只能把自己瞭解

1　國防部保密局編，《戴雨農將軍榮哀錄》，無頁碼。
2　國防部情報局編，《國防部情報局史要彙編》，上冊，頁 1。

的情況向入伍生部政治部主任胡靖安進行報告。

　　據可靠記載，戴笠第一次謁見蔣中正是在 1927 年 8 月中旬蔣中正下野後不久。據喬家才轉引黃埔六期騎兵營學生賴雲章的回憶稱，當時戴笠曾代表騎兵營同學前往奉化：「蔣公辭職回到奉化，戴先生、劉藝舟、賴雲章三個人代表騎兵營同學去晉謁蔣公，戴先生態度雄壯，口齒清楚，說話很有條理，蔣公對他留下深刻印象，慰勉有加。」[3]

　　另據密查組組長蕭烈回憶，蔣中正下野後，密查組隨國民革命軍總司令部結束，密查組人員中的黃埔學生前往杭州受黃埔同學會指揮，而由張介臣、戴笠兩人隨蔣回到奉化原籍。[4] 蕭烈雖與賴雲章的說法不同，但同樣指明戴笠在蔣中正下野後曾往謁蔣。不過戴見到了蔣，不等於他已受知於蔣，他直到 1927 年底 1928 年初仍是透過胡靖安向蔣間接提供情報，而無直接與蔣接觸的機會。凡此均足證明〈戴雨農將軍行狀〉與《史要彙編》記載之不實。

　　與軍統官方說法不同的是，戴笠故舊姜超嶽稱其是在二次北伐開始後受到蔣中正重視的：「民國十七年，南都既定，總司令蔣公重張北伐之師，先生〔戴笠〕銜命馳驅軍中，於情報之偵察，億則屢中，深得蔣公之器重。」[5]

3　喬家才，〈辯誣〉，頁 99；戈士德，〈胡宗南與戴笠（下）〉，頁 32-33；喬家才，〈為歷史作見證──戴笠未參加北伐東路軍〉，頁 144。

4　蕭烈，〈國民革命軍司令部密查組概況〉，頁 70。

5　江山異生（姜超嶽），〈戴先生雨農傳〉，《我生鴻雪集》（臺北：三民書局，1994），頁 77。

日後情報局編纂戴笠年譜及傳記時，或是受到姜超嶽的影響，未再沿襲《史要彙編》的說法，而稱戴笠在 1928 年 1 月二次北伐開始後奉命以聯絡參謀身分主持了國民革命軍總司令部「密查組」或「聯絡組」之工作，似乎是想說明戴笠在二次北伐開始後已經受到蔣中正的重視。

誠然，戴笠在二次北伐期間得以直接向蔣中正提供軍事情報，「這對他而言，可說已向前邁進一大步。」[6] 但事實上，戴笠在當時雖然是總司令部的聯絡參謀，卻並未主持密查組或聯絡組，此事具見前文之考證；而眾多戴笠故舊有關「攔車投書」及「代轉報告」的回憶，更證明戴笠向蔣中正提供情報的過程並不順遂。

喬家才說：

> 不知道什麼緣故，總司令的侍衛長王世和看見戴笠很不順眼，不但阻止他晉見總司令，連報告也不給他轉呈，並且告訴他，如再有所要求，就把他趕了出去。但是戴笠有很重要的報告，又不能不呈送總司令。他那百折不回、不屈不撓的奮鬥精神，絕不會被王世和所折服的。他調查清楚總司令將要到某一個地方，預先藏在下汽車的附近，等到總司令一下汽車，跑步過去呈上報告。這麼一來，王世和對他更氣更恨了，認定他有意搗亂，只要捉住他，非結實揍他一頓不可。

6　唐良雄，《戴笠傳》，頁 38。

可是總司令看過戴笠的報告，不等他請求晉謁，總司令自動召見他。王世和雖然氣上加氣，卻無可奈何，不但再不能阻撓他晉謁總司令，還得派人去請他。戴笠成了總司令部的上尉參謀，重要的情報人員。[7]

唐良雄說：

在最初一段時間，戴氏似無固定工作任務，而是視實際需要，臨時派遣。譬如當津浦路戰局緊張時，他便被派往徐州工作。雖然他是總司令部之一員，並不到部辦公。……因此總司令部人員認識戴氏的人不多，知道他負有情報任務的人更少。

有一故事，為戴氏故舊所津津樂道的，是「攔車投書」。他有幾次獲得重要情報，時機迫促，又恐洩漏，乃逕往總司令部，求見蔣公。當時侍從人員，並不知戴笠為何許人，所以屢次請求，屢被拒絕。他知請亦無益，乃決定伺機當面呈遞報告。

所謂「攔車投書」，實際上，是先到總司令部守候，俟蔣公座車到停車地點，正步出汽車時，跑步上前，將報告面呈蔣公。這是要冒危險的，因為侍從人員並不知他目的何在，如誤以為他謀刺，就可能當場射殺。他幸而未被誤殺，卻因此曾被毆打。當時任侍衛

7　喬家才，〈鐵血精忠傳（二）〉，頁67。

長的王世和並曾聲言：「如戴笠敢再搗亂，即拿送憲
兵部懲辦。」毆辱、恐嚇，並未能阻止一個有決心的
人，他認為有必要時，仍然前去守候。有時守候竟
日，而不相值，則翌日再去。他的決心，使他終於突
破層層禁阻，並使禁衛人員感到驚訝！因為蔣公忽然
召見他，慰勉有加。並囑侍從官：「如戴笠有事面
報，准其隨時來見。」至此，他始撥雲見日，受知於
蔣公。此一故事之真實性，毋庸置疑。[8]

毛鍾新說：

他〔戴笠〕在侍從室工作時，某侍衛長的娘舅任庶
務，盜賣侍從室的汽油牟利，他查獲事證，據實檢
舉。其人被開革了，某侍衛長並受呵責。於是下令不
准戴先生進總司令部大門，連呈總司令的報告亦不准
給他轉遞，他搜集到情報資料必須呈報時，只好守候
在官邸或總司令部大門口，攔截座車，呈遞上去。[9]

另據曾在蔣中正官邸擔任醫官的熊丸披露：

戴笠當初受到總統賞識，乃因有一回他親筆寫了一份

8　唐良雄，《戴笠傳》，頁38-39。
9　戈士德，〈胡宗南與戴笠（下）〉，頁33；毛鍾新，〈九州兵革浩茫茫
　　——戴笠別傳之九〉，頁53。

　　情報呈給蔣委員長，那時侍衛長是王世和，王世和看
戴先生只不過是個小小參謀，哪有資格呈報委員長，
便把戴先生寫的報告丟在一旁。戴先生沒辦法，只好
另外想法子，和副官們打交道，請副官幫忙把報告呈
給委員長。然而副官們哪敢把東西隨便呈上，只有一
位施副官是個老好人，他幫戴先生把東西放在委員長
辦公室。不料委員長看到那份報告後大吃一驚，便要
左右找出寫報告的人，事發之後，施副官先交代戴
先生，要他一定要認罪，戴先生也應允。結果戴先
生進去後，委員長便要他日後隨時供應情報，且無需
通報即可進入委員長辦公室。[10]

　　此外，沈醉說，戴笠「到處搜集一些情報，但只能在
蔣介石出門時攔住汽車遞上一份報告。」黃康永說，戴笠
「經常在南京蔣介石總司令部門口附近守候，等到蔣的汽
車到達時，他就將這些祕密材料親自遞交蔣介石。時間長
了，蔣介石也就對他逐漸信任，蔣的汽車每到了總司令部
門口也就停車接收戴笠的祕密情報。」章微寒說，戴笠
「通過蔣的警衛、廚司，代轉報告，蔣私自給他一點活動
經費。在逐漸取得信任後，蔣才准經其機要祕書毛慶祥轉
送情報。」[11]

10　陳三井訪問，李郁青紀錄，《熊丸先生訪問紀錄》（臺北：中央研究院近
　　代史研究所，1998），頁76-77。

11　沈醉，〈我所知道的戴笠〉，頁65；黃康永，〈我所知道的戴笠〉，頁
　　154-155；章微寒，〈戴笠與軍統局〉，頁83。

　　以上說法細節雖有不同，但足以證明戴笠在二次北伐、擔任聯絡參謀之初並未受到蔣中正的重視。那麼戴笠「攔車投書」或請副官「代轉報告」的下限是何時呢？據唐良雄說是在 1928 年 6 月，「因為六月以後，蔣公赴華北視察，以及往北平祭告國父，戴氏均曾隨行，顯然是經核定的隨行人員。」[12] 唐良雄的說法不知有何根據，因就筆者所見，並無史料顯示戴笠曾於 1928 年 6 月以後隨蔣中正赴北平視察，他隨蔣中正赴北平應是 1929 年 6 月的事，唐良雄很有可能把年分寫錯了。

　　不過另一方面，如謂 1928 年 6 月以後戴笠已受知於蔣中正，則仍是可信的，因為此一時期戴笠出現在蔣中正身邊的頻率逐漸增加了。據康澤回憶，戴笠於 1928 年下半年已在侍從室頻繁出入：

　　1928 年下半年，我在侍從室已經比較熟悉，知道侍從室裡還有個祕密的特務組，是蔡勁軍（黃埔二期，廣東人）在做頭子，他的房間裝有專用的電話，門上貼有「非請勿入」的字樣。我看到戴頌儀、鄭介民、戴笠等常在他那個房間出入，我估計這幾個都是參加特務組工作的人。戴笠當時的軍階頗低，只是一個中尉或上尉，但是他除了在蔡勁軍的房間出入之外，又常單獨去見蔣介石報告事情。以後我又略微聽說，他

12　唐良雄，《戴笠傳》（臺北：傳記文學，1980），頁 39。

們那個組受王柏齡的領導，他們還要時常到王柏齡那裡去開會。[13]

康澤提到戴笠是蔡勁軍特務組的成員以及特務組受王柏齡領導等情節，尚無相關史料可以印證，尤其王柏齡於1928年的職務是中央軍校教授部主任、江蘇省政府委員兼建設廳廳長，並不在蔣中正身邊工作，如謂由他負責侍從室的特務組，實在令人懷疑。[14] 不過康澤對戴笠密晤蔡勁軍以及單獨面見蔣中正這些印象，應當是可信的。

蔡勁軍

資料來源：編者不詳，「中國國民黨陸
軍軍官學校第二期同學錄」。
筆者翻攝。

---

13 潘嘉釗等編，《康澤與蔣介石父子》，頁257。
14 王柏齡，《黃埔開創之回憶》（出版項不詳，1988），頁10。

康澤

資料來源：中國國民黨陸軍軍官學校編
印，《中國國民黨陸軍軍官學
校第三期同學錄》（1926）。
筆者翻攝。

　　另據喬家才稱，戴笠在二次北伐結束後，已直接受蔣
中正派遣，從事情報工作：

　　北伐軍克復北京後，姜超嶽是總司令部前方機要科
　　長，住在北平。按照總司令部的規定，由機要科代發
　　密電，必須附有原稿。一天，戴笠找姜超嶽，請他代
　　發幾封電報，姜超嶽說：「按照總司令部的規定，一
　　定要附原稿。」「那就不要了。」戴笠說完，密電沒
　　有讓他拍發。沒有過幾天，姜超嶽接到祕書長高凌白
　　的電報：「奉總座諭，以後戴笠拍發電報，不必按照
　　規定辦理。」姜超嶽心裡才明白，戴笠神通廣大，一
　　定是他報告總司令，才會有這個通知。[15]

15　喬家才，〈鐵血精忠傳（二）〉，頁67。

　　由此可見，當北伐完成後，戴笠憑藉在北伐期間的工
作表現，已經初獲蔣中正的信任，故戴笠殉職後，國民政
府頒布之褒揚令中亦有「北伐之役，戮力戎行，厥功甚
偉」之語。[16]

二、戴笠隨侍蔣中正的最早原始記載

　　關於戴笠隨侍蔣中正的最早原始記載，有兩個標誌性
的事件迄未被人注意，分別是戴笠赴安徽活動及代表蔣中
正慰問北平電車公司，茲按時間順序分述如下。

　　1928 年底，發生安徽大學文學院學生搗毀省立第一
女子中學、毆傷女生的事件，當時蔣中正巡視安徽，對此
案甚為關注。12 月 3 日，上海《新聞報》刊出了一篇題
為「蔣主席處辦皖學潮」的消息，內稱蔣中正曾派戴笠密
查此案：

　　安徽大學文學院學生楊璘、周光宇、侯地芬率領學生
　　百餘人搗毀一女中學校，毆傷學生鍾來儀一案，前經
　　省府委員孫棨、張鼎勳、韓安等、省黨指委賀揚靈與
　　安大文學院主任劉文典、一女中校長程勉晤商辦法，
　　解除糾紛，已詳上次通訊。不料二十七日晚間，劉氏
　　既未至一女中正式道歉，而二十八日清晨，安大學

16　國民政府文官處印鑄局編印，《國民政府公報》，1946 年 6 月 11 日。

生代表數人，復至省政府謁蔣主席請願，要求撤懲程勉。蔣派祕書陳立夫向學生代表宣布自有辦法，比即派總部機要科科員戴笠，會同安慶市公安局督察員饒吉甫，往一女中實地調查。據戴對人言：「蔣主席經過鳳陽、蕪湖等處，深悉皖省學風之囂張、教育之腐敗，頗為不滿。迨抵安慶，又詢知此案之始末，尤為憤慨，主張澈底解決，以挽頹風」云云。

前日晚間，一女中學生聞安大主任既不履行條件，學生又突然請願，大為憤憤，乃於前日晚間全體排隊至省政府，請謁蔣主席。蔣傳見其代表，詢問當日情形甚詳，囑回校安心上課，靜候解決。同時復據戴笠報告，即據以問孫榮，何以不辦。孫答，此事內容複雜，若從嚴辦理，恐引起絕大學潮，適總座駕臨，自當尊示辦理云。蔣氏乃點首無言。[17]

戴笠見報後，於次日立即致函該報負責人，請更正此篇消息，函稱：

主筆先生大鑒：昨日（三日）貴報第三張教育新聞欄內，載有「蔣主席處辦皖學潮」消息一則，其中有稱「比即派總部機要科科員戴笠會同安慶市公安局督察

17　〈蔣主席處辦皖學潮〉，《新聞報》，1928 年 12 月 3 日。同日《申報》亦有〈蔣主席嚴斥安大生攪亂女中〉之報導，內稱蔣中正已委隨員戴笠會同公安督察員饒吉甫澈查。

員饒吉甫，往一女中實地調查」，又「同時復據戴笠
報告，即據以問孫榮，斥以不辦」云云。此次蔣主席
蒞皖，笠雖適在安慶，但本身既非總部機要科員，當
日又未奉任何方面之使命前往一女中調查。務請於貴
報來件欄內，迅予更正。戴笠手啟，十二月四日。[18]

這兩則史料是筆者所見戴笠與蔣中正同時出現在報端
的最早原始文獻，此時戴笠擔任何種職務以及是否負有調
查皖省學潮之責，皆難判定，但大致可以推測，他於北伐
完成後仍為蔣中正從事特務活動，因而並不願看到自己的
名字和言行被公開。

1929 年 3 月，國民革命軍總司令部撤銷，改設陸海
空軍總司令部，由國民政府主席蔣中正兼任總司令，總司
令部內設辦公廳、機要室及參謀、副官、軍法、軍醫、交
通、經理六處。戴笠仍為蔣中正從事特務活動，惟其工作
名義不詳。[19] 這年 6 月，蔣中正曾由南京往北平巡視，
戴笠以參謀名義隨行。[20]

6 月 28 日，蔣中正衛隊的兩輛軍用汽車在北平缸瓦
市與一輛公共電車相撞，汽車被撞翻，衛兵受傷數人，電
車車窗也全被震毀。衛隊方面怒不可遏，即將電車司機及
賣票生逮捕，五花大綁，隨行隨打，當時觀者如堵，警察

---

18 〈戴笠為皖女中案來滬〉，《新聞報》，1928 年 12 月 4 日。
19 潘嘉釗等編，《康澤與蔣介石父子》，頁 257-258。
20 國防部情報局編，《戴雨農先生年譜》（初版），頁 19。

不敢作聲,衛兵的蠻橫舉動頗使革命軍人的形象受損。北平電車工會聞訊,由全體執監委員偕同總工會代表前往肇事地點調查,並派人向衛隊交涉,同時請總工會轉請蔣中正下令衛隊放人。工會擬具呈文時,被捕司機與賣票生已由衛隊釋放,但因傷重送入首善醫院,事仍未了,故呈文照舊送出,並定明早謁見蔣中正面陳。[21]

蔣中正於 6 月 29 日接獲總工會之呈文後,始知衛隊汽車與電車相撞之事,他當即下令釋放工友,後知已經釋放,乃於下午 1 時餘派戴笠為代表,偕同衛兵連長李曙文,赴電車公司及工會慰問,並致歉意。戴笠對電車公司方面表示:「蔣主席衛兵絕不壓迫工友,雙方均無過。」並請對方原諒衛隊之行為。[22] 與此前戴笠在安徽極力否認自己與蔣中正有關的態度不同,這次他是作為蔣中正的代表公開活動,當時平津各報對此均有報導,這成為戴笠隨侍蔣中正的最早原始記載。

三、戴笠從事情報活動的最早原始記載

自 1929 年起,有關戴笠的紀錄逐漸多了起來。據情報局《戴雨農先生年譜》記載,是年 12 月唐生智舉兵反蔣之際,戴笠曾往洛陽、鄭州及平漢鐵路沿線從事情報活動:

21　〈蔣衛隊汽車與電車相撞〉,《大公報》天津版,1929 年 6 月 29 日。

22　〈蔣衛兵撞車事〉,《大公報》天津版,1929 年 6 月 30 日。

民國十八年（歲次己巳，西元一九二九年）先生卅
三歲。

北伐完成後，蔣公召集全國軍政首要，協議編遣龐大
而紛雜之軍隊……不料當時若干統兵將領，狃於擁兵
割據之積習，陽奉陰違，加以政客之煽惑撥弄，因而
常有叛亂情事。十月，馮玉祥部叛變，中央下令討
伐。十二月，戰局粗定，而任前敵總指揮重任之唐生
智，突在平漢線稱變，捏造附和人名，通電全國。先
生〔戴笠〕為明事實真相，並求瓦解之方，乃自潼關
東返洛陽、鄭州及平漢線一帶，從事調查活動。[23]

　　關於戴笠在洛陽活動一節，有原始檔案可證，查戴笠曾
於 12 月 5 日、7 日自洛陽連致南京蔣中正兩電，云：

親，急，南京，總司令蔣鈞鑒，○密。
（1）楊耿光微午回洛，曾與方伯雄、王湘汀、徐克
　　　成等會商，王、徐均表示始終擁護鈞座。
（2）楊等復公電孺〔孟〕瀟，請其來洛，聞唐代表
　　　刻正在途。
（3）飛機無一留洛，請即調數架來，以便偵察及送訊。
（4）據路局恰〔訊〕，本日偃師有兵車開鄭，開封
　　　亦有兵車開鄭，但未下車。

23　國防部情報局編，《戴雨農先生年譜》（初版），頁 14-15。

（5）楊、徐等決俟飛機到時，即令生送書回京面呈。
生戴笠叩，微戌印。[24]

萬急，南京，總司令蔣鈞鑒，○密。微戌奉電，計當
送呈。茲有奉陳如下：

（一）楊軍長自回洛，迭與四四、四七、四八各師長
　　　會議，據云，各師長對於中央均表示始終擁
　　　護，刻各部正在調動中，惟四七、四八大宗糧
　　　秣今早用列車運鄭，查唐冬電原有上官與徐列
　　　名，敢請鈞注。

（二）西北之鐵甲車六列已由蔣司令與該王司令統率
　　　到洛，楊軍長已令徐師長全權處置，惟蔣之態
　　　度可疑，幸在洛之中山第一大隊至必要時決不
　　　聽亂命。

（三）刻據兵站由鄭徒步回洛人云，唐部集中鄭州，
　　　商店均閉市，十一路留鄭部隊盡被繳械，俞總
　　　監於支離鄭往津。查我在洛方各部隊給養勉可
　　　維持二十天。

（四）楊軍長原擬以生回京面陳一切，因無飛機，鄭
　　　州不能通過。

生戴笠叩，虞巳印。[25]

24　〈戴笠電蔣中正〉（1929 年 12 月 5 日），《蔣中正總統文物》，國史館
　　002-090300-00003-134。

25　〈戴笠電蔣中正〉（1929 年 12 月 7 日），《蔣中正總統文物》，國史館
　　002-090300-00003-137。

　　這兩件電文是迄今所見戴笠最早搜集的軍事情報，其內容有四項。

　　首先是前方將領的立場。唐生智起兵反蔣，頗出蔣中正的意料，因此蔣對前方將領的態度極為關切，尤其擔心那些與中央關係疏遠的軍人趁機附和唐生智。戴笠對此報稱，第十軍軍長楊杰曾與第四十四師師長方鼎英（伯雄）、第四十七師師長王金鈺（湘汀）、第四十八師師長徐源泉（克成）等人在洛陽會商，「各師長對於中央均表示始終擁護」，與此同時，楊杰等人致電唐生智（孟瀟），請其派代表來洛陽，似有勸唐罷兵言和之意。不過戴笠也指出，唐生智於12月2日發表反對中央之通電時，徐源泉與第四十七師第一四一旅旅長上官雲相曾列名其中，而且第四十七師、第四十八師有大宗糧秣運往唐生智控制下的鄭州，因此這兩個師的真實態度值得懷疑。至於鐵甲車隊方面，司令蔣鋤歐「態度可疑」，該隊所轄中山第一大隊則對蔣忠實，「決不聽亂命」。

　　其次是收編馮玉祥部鐵甲車的情形。當1929年11月底馮部反蔣失敗、撤往潼關以西時，該部「民生」、「民用」、「山東」、「泰安」、「北平」、「河南」六列鐵甲車留在陝州，不欲隨馮部西退，而「願服從中央，聽候收編」，據戴笠稱，此六列鐵甲車已由蔣鋤歐與曾任馮部鋼甲車司令之王恩普率來洛陽，由楊杰令徐源泉全

權處置。[26]

再次是敵我雙方的軍情。據戴笠稱，「唐部集中鄭
州，商店均閉市」，「偃師有兵車開鄭，開封亦有兵車開
鄭，但未下車」，「我在洛方各部隊給養勉可維持二十
天」。先是馮玉祥部在豫西反蔣時，唐生智被中央委以討
逆軍第五路總指揮，及馮部潰退，唐部駐洛陽、鄭州附
近。時有第十一路總指揮部亦駐鄭州，且有部隊留鄭，
唐生智反蔣後，第十一路留鄭部隊不願附和，盡被唐部
繳械。[27]此外尚有兵站總監俞飛鵬在前方辦理軍糧、彈
藥事宜，他因唐部兵變，於 12 月 4 日「離鄭往津」。

最後是戴笠個人的活動情形。據戴笠報告稱，楊杰、
徐源泉等人託其回京帶信，因鄭州為唐部控制，「不能通
過」，只能由洛陽乘飛機回南京，但「飛機無一留洛」，
因請蔣「調數架來」，「以便偵察及送訊」，並「回京面
陳一切」。由此可見，此時戴笠的特務工作是直接向蔣中
正負責的。另查蔣中正曾於 12 月 8 日電令航空署副署長
黃秉衡由漢口派飛機一架往洛陽傳達命令，這極有可能是
針對戴笠來電作出的指示，由此可見戴笠受蔣中正重視程
度之一斑。[28]

26 〈蔣鋤歐電蔣中正〉（1929 年 11 月 29 日），《閻錫山檔案》，國史館
116-010103-0027-047；劉茂恩口述，程玉鳳撰著，《劉茂恩回憶錄》（臺北：
學生書局，1996），頁 269。

27 〈孫楚電閻錫山〉（1929 年 12 月 9 日），《閻錫山檔案》，國史館 116-
010101-0075-049；劉茂恩口述，程玉鳳撰著，《劉茂恩回憶錄》，頁 282。

28 陳訓正，《國民革命軍戰史初稿》，第 2 輯第 1 篇（出版項不詳，1952），
頁 258。

四、結語

　　戴笠首次見到蔣中正，大概是 1927 年 8 月中旬蔣中正第一次下野之際。1928 年 2 月二次北伐開始後，戴笠得以直接向蔣中正提供情報，但一度受到侍衛長王世和的刁難，不得不「攔車投書」或透過副官「代轉報告」。迨北伐完成，戴笠憑藉此前的工作表現，逐漸獲得蔣中正的重視，開始頻繁出入總司令部，並奉蔣中正之命從事情報活動。同年 12 月，戴笠與蔣中正的名字首次同時出現在報端。1929 年夏，戴笠已成為蔣中正的親信，開始奉命查辦地方案件、處理軍民糾紛。至同年底討唐之役，戴笠的情報才能終於獲得充分展露的機會，開始在重大軍政活動中扮演角色。

5　討唐戰爭期間戴笠活動情形考述

　　1929 年 12 月，討唐之役爆發。戰爭期間，戴笠曾深入前線策反唐生智部營長周偉龍，這是戴笠親自從事策反活動的最早詳細紀錄，頗為軍統中人及後世史家津津樂道。然而細核原始文獻，不難發現此一故事的若干關鍵情節存在記述不實或值得存疑之處，現以檔案、戰史為基礎，對一些流傳頗廣的錯誤說法進行辨正。

一、關於戴笠「信陽遇險」之考證

　　此一時期最值得辨正的問題，是戴笠遇險及策反周偉龍的經過，此事在軍統內部「幾乎人人知道」，但其發生在何地卻頗有不同說法。[1]

　　影響最大的是「信陽遇險」說，此說最早見於王孔安的回憶。王孔安是戴笠的黃埔同學、軍統要員，就其資歷而言，所述本應具有較大的參考價值，然而他以武昌師範大學外國文學系出身，在回憶文字中以類似小說之筆觸摻入了大量繪聲繪色的細節與對話，如以史學眼光觀之，這

1　喬家才，《為歷史作證》（臺北：中外圖書，1985），頁 241。

種文學加工實屬過分渲染，反失其真。茲僅節錄其要點如下：1929 年 7 月，戴笠化名「江漢清」，在唐生智總部駐地信陽搜集情報，遭唐部懸賞緝拿，遂冒險往見唐部特務營長周偉龍，以黃埔同學關係將其策反，並承周偉龍相助，順利脫險。[2]

情報局編纂《戴雨農先生年譜》（以下簡稱《年譜》）時，即以王孔安的回憶為根據進行撰述，但以 1929 年 7 月唐生智尚未反蔣，改 7 月為 12 月，復加入懸賞十萬之細節，有如下記載：

> 先生〔戴笠〕……東返洛陽、鄭州及平漢線一帶，從事調查活動，為唐偵知，下令通緝，並以十萬元重賞懸取先生頭顱。先生至信陽，事益急，自分無法安然脫去，乃突生急智，逕詣唐之特務營長時兼軍警督察處長之周偉龍處，密白周曰：「我即戴笠，知君亦黃埔生，願以頭顱奉贈。」一面向周陳述革命大勢與春秋大義。周受其感動，掩護先生脫險，己亦棄暗投明，離唐參加工作。[3]

另一出版品《戴雨農先生傳》（以下簡稱《傳記》），以戴笠當時尚未化名「江漢清」，遂刪去這一細

2　王敬宣，〈臨事而懼好謀而成——戴先生外紀之一〉，《健行月刊》，第 80 期（1953.3），頁 13-17。

3　國防部情報局編，《戴雨農先生年譜》（再版），頁 14-15。

節,其餘則大部照搬王孔安之文字。[4] 此後,軍統元老
趙龍文、鄭修元、喬家才、唐良雄、張霈芝等人均對王孔
安或《年譜》、《傳記》之文字信用不疑,後世學者復對
軍統諸老之記載大加引述,於是「信陽遇險」之說愈傳愈
廣,幾成不刊之論。

另外五種說法的影響均不及信陽說廣泛:王業鴻持漯
河說;何芝園持長沙說;毛鍾新、章君穀持駐馬店說;文
強持武漢說;楊明堂、章微寒、魏斐德持鄭州說。此外
費雲文、何志浩認為此事發生之地點不易確定,遂各書
戴笠在「平漢線某一要地」及「唐部駐地」遇險,而未明
言地名。[5]

如欲辨清戴笠究竟在何處遇險,須詳稽戰史,考察唐
生智部駐地及其進退情形。查唐生智於 1929 年 4 月 5 日
在北平就任討逆軍第五路總指揮,所部第五十一師、第

4 國防部情報局編,《戴雨農先生傳》,頁 15-16。查 1933 年 8 月 31 日戴笠
致蔣中正電,略謂:「本處報告署名擬自九月一日起改署『江漢清』。」
自此始有江漢清之化名,見《蔣中正總統文物》,國史館 002-080200-
00430-036。又唐良雄云:「傳說戴氏當時化名江漢清,叛軍曾懸賞十萬元
購求其人頭。此說顯與情理不合。如叛軍已早知江漢清為戴笠,則他的工
作已無祕密可言。何況當時的戴笠並非重要人物,叛軍亦無以重金購求其
人頭之理。惟叛軍當時已經戒嚴,正搜查可疑之人,如查獲中央諜報人員,
並有賞金,則屬實情。另據可信資料,戴氏化名江漢清,是在九一八事變
後。」見唐良雄,《戴笠傳》,頁 41。

5 王業鴻,〈戴笠的起家〉,《文史資料存稿選編》,第 14 冊(北京:中國
文史出版社,2002),頁 619。何芝園訪問紀錄,《健行月刊》,第 176
期(1972.3),頁 128。毛鍾新,〈戴雨農先生二三事〉,《情報知識》,
第 7 卷第 9 期(1966.3),頁 6;章君穀,〈戴笠的故事(一)〉,頁
17。沈醉、文強,《戴笠其人》,頁 187-188。楊明堂,《從無名英雄到有
名英雄──戴雨農先生的奮鬥歷程》,頁 23-24;章微寒,〈戴笠與軍統局〉,
頁 83;魏斐德,《特工教父──戴笠和他的祕勤組織》,頁 82-83。費雲文,
〈戴雨農其人其事(一)〉,頁 11;何志浩,〈中外名人傳(二十六):
戴笠〉,《中外雜誌》,第 61 卷第 5 期(1997.5),頁 91。

五十三師駐唐山、開平一帶。旋馮玉祥在河南醞釀反蔣，第五路軍總指揮部及第五十一師、第五十三師奉蔣中正之命開駐鄭州、洛陽。唐部在鄭、洛整訓數月，至10月馮玉祥部在豫西反蔣後，唐部參加討馮戰爭，第五十一師集中孝義、鞏縣、芝田鎮一帶，師部在鞏縣；第五十三師之大部集結鄭州，其一部則在滎陽、汜水、黃河橋一帶，該師第五團在鞏縣協助第五十一師作戰，師部位於鄭州。豫西之役經登封、臨汝間激烈會戰後，戰事告一段落，唐部第五十一師、第五十三師及騎一旅仍在鄭州、洛陽附近。概言之，當唐部反蔣之前，其駐地在豫中地區。至於地處豫南的信陽，則由夏斗寅的第十三師一部駐守。

12月5日唐生智反蔣後，集中其基幹部隊第五十一師、第五十三師、獨立第十七旅及騎兵旅於許昌、鄢城間，其前進部隊占領黃山坡、確山、駐馬店一帶，有沿平漢鐵路南下、直取武漢之意。蔣中正的討逆軍方面，則以劉峙為第二路軍總指揮，閻錫山為北路軍總指揮，第二路軍又以夏斗寅為右翼軍指揮官，轄第九、第十一、第十三師，楊虎城為左翼軍指揮官，轄新編第十四師，另以第一、第二、第六師為預備隊。右翼軍的作戰計畫是：第十三師主力集中武勝關、廣水一帶，鄂北各師限12月15日以前集中安陸附近，與第十三師聯繫，占領陣地，攻擊開始後，第十三師即沿平漢線向北進攻，第二路軍一部沿平漢線策應第十三師，主力由安陸出應山，向信陽

前進。[6]

　　此後，第二路軍各部按照限期陸續集中信陽，茲摘錄
《國民革命軍戰史初稿》有關各條如下：

　　十二月八日，奉總司令命令……派員赴信陽勘辟
　　機場。
　　十二月上旬，總司令任夏師長兼十三軍軍長……奉令
　　後，一面以兩團兵力扼守武勝、平靖、九里諸關，一
　　面檄調襄樊所屬部隊依限集中。至十五日，其先頭部
　　隊到達長台關部署警備，在平靖關之兩團同日亦到信
　　陽。十六日，達長台、平昌兩關之線。是晚，明港鐵
　　橋修復，夏軍長進駐信陽。
　　十五日，（第九師）第二十五旅開到信陽。第二
　　十六旅一團已到新店，餘在輸送中，續向明港、碻山
　　前進。
　　十七日，劉總指揮親率指揮部官佐自漢出發，十九日
　　車抵東雙河，因鐵橋尚未修復，不能通車，乃先赴信
　　陽視察。
　　第一師任務為總預備隊，奉令於十二月十六日由漢口
　　出發，依鐵道輸送，集中信陽附近。旋因戰況之展

6　陳訓正，《國民革命軍戰史初稿》，第 2 輯第 1 篇，頁 242。原書有「在
　　鄂北各師限本月十五日以前集中德安附近，與十三師聯繫占領陣地」等語，
　　按德安在贛北，此記載顯然有誤，茲據劉峙，《我的回憶》（臺中：自刊，
　　1966），頁 77，改德安為安陸。

進，奉令集中於黃山坡以北地區。[7]

12月23日，討逆軍第九師第二十五旅首先在駐馬店以南、信陽以北之確山與唐部接觸，將其擊退。12月25日，第二路軍各部已在確山以北三里店附近展開。此後雙方在確山、駐馬店一帶激戰，至1930年1月3日，唐部精銳損失大半，唐生智不得不放棄進取武漢之計畫，作退卻之計，收容其殘部於西平、郾城及遂平以北地區。經第二路軍各師分路追擊，北路軍一部復沿平漢線南下夾擊，豫西王均、徐源泉、楊勝治各師亦向許昌、臨潁、襄城、葉縣、武陽、舞陽分途進發。於是唐部節節敗退，士無鬥志，唐生智遂於1月6日通電下野，所部全被俘獲資遣。

由上述唐部駐地及其進退情形可知，無論在唐生智反蔣之前或之後，唐部均未進駐信陽，信陽始終控制在南京方面的討逆軍手裡。唐部雖有進駐信陽、攻取武漢之計畫，但並未實現。王孔安說信陽「大軍雲集，警戒森嚴」，這話本是不錯的，但他沒有辨明的是，所謂大軍不是唐生智軍，而是討逆軍。由此可見，戴笠「信陽遇險」之說雖流傳最廣，但在事實上絕難成立。

相比之下，王業鴻的漯河說及章君穀、毛鍾新的駐馬店說則有跡可循，查《國民革命軍戰史初稿》載：1929年12月初唐生智反蔣後，集中其基幹部隊於許昌、郾城

7　陳訓正，《國民革命軍戰史初稿》，第2輯第1篇，頁253-258。

間，漯河屬郾城縣；同月下旬討逆軍占領確山後，傳聞唐
生智已到駐馬店主持軍事；又 1930 年 1 月 1 日雙方激戰
之際，唐部有步兵一團、憲兵兩營在駐馬店，其時憲兵第
一營營長為周偉龍，唐生智本人住在車站天主堂。[8] 漯
河、駐馬店均為唐部控制，駐馬店且為兩軍對峙前線，還
一度是唐生智總部及周偉龍憲兵營駐地，如謂戴笠冒險進
入該地搜集敵情及策反周偉龍，是合於情理的。章君穀的
說法尤其值得重視，雖然他只是文史作者，與軍統並無淵
源，但他指出：「懸賞令下，戴笠正好在駐馬店活動，由
於偵騎密布，探索日急，他的行蹤終告洩露，當下他往信
陽逃跑。」[9] 此一說法不僅與當時實際情形相符，而且
也能解釋信陽說產生的原因。

　　至於鄭州說也有可能，據唐生智回憶：「1929 年冬
蔣馮戰爭結束後，有一次，我在鄭州接到蔣介石一個密
電，大意是：據報韓復榘不穩，他到鄭州來會你時，希予
以扣留，所遺河南省政府主席一職，由你兼代。當時我正
在醞釀再度反蔣，不打算執行他這個密令。……我現在想
起，戴笠那時雖然還沒有搞起軍統特務組織，卻已在鄭州
做工作，我放走了韓復榘，很可能就是他向蔣介石告密
的。」[10] 果如唐生智所言，他當時發現蔣中正派戴笠在

8　陳訓正，《國民革命軍戰史初稿》，第 2 輯第 1 篇，頁 250、266。

9　章君穀，〈戴笠的故事（一）〉，頁 17。

10　唐生智，〈關於北伐前後幾件事的回憶〉，《湖南文史資料》，第 6 輯（長
　　沙：湖南人民出版社，1963），頁 107。

鄭州活動，則他反蔣前後，自然要設法緝拿戴笠。

綜上，透過對原始史料的梳理，可以發現流傳最廣的信陽說不足為憑；長沙、武漢兩說明顯與事實不合，毋庸細考；至於漯河、駐馬店及鄭州三說則有其可能，章君穀的說法尤其合於情理，惟因史料有限，戴笠究在何處遇險尚不易確定。

二、關於戴笠「策反唐部」之考證

另一值得辨正的問題，與戴笠授意周偉龍策反唐生智某部有關。此說源自第一師第二旅連長鄧展謨的回憶，據稱：

> 民國十八年冬，馮、唐叛變，中央下令討伐。天降大雪，兩軍戰於河南境內平漢鐵路線。整編一師二旅駐在漯河車站，由我率領第一連擔任旅部警衛。忽有一著長唐裝操湖南口音者，自稱軍校四期周偉龍，現任唐生智總指揮部憲兵營長，因踐戴先生之密約，有緊要事，求見第一旅胡宗南旅長。其時胡旅長不在此地，當即引見徐副師長兼二旅旅長庭瑤，按照戴先生預定計劃，策動反正，裡應外合，叛亂迅即敉平。[11]

11　鄧展謨，〈一代偉人〉，頁 27。

情報局《年譜》以鄧展謨的回憶為藍本，又加入駐馬店之戰的情節，云：

> 唐生智叛軍受中央大軍大舉討伐壓力，退至許昌集中，內部不穩。周偉龍以時機成熟，乃先與某師約妥反正辦法，隨即依照先生〔戴笠〕計畫，脫離唐部，赴漯河訪胡宗南，不遇，再訪鄧展謨，告以先生囑其策反唐部某師成功之經過。時鄧為整編第一師第二旅徐庭瑤部連長，乃為引見旅長徐庭瑤，接納某師之祕密效順。
>
> 民國十九年……一月十四日，唐生智反攻駐馬店，中央軍遂在裡應外合之有利情況下，一舉反擊成功，討唐戰事結束。[12]

這一故事曾為若干著作引用，實則鄧展謨僅說周偉龍策反唐生智某部並對戰局產生重大影響，卻對反正部隊之番號及影響戰局之過程語焉不詳，頗難輕易採信。[13]且第一師第二旅係於1930年1月10日進占平漢鐵路漯河車站，此時討唐戰事進入尾聲，唐生智各部已主動派代表向第一師副師長兼第二旅旅長徐庭瑤接洽投誠，嗣後並無戰

---

12 國防部情報局編，《戴雨農先生年譜》（再版），頁20-21。
13 引述此說的，有費雲文，〈戴雨農其人其事（一）〉，頁12；國防部情報局編，《戴雨農先生傳》，頁17。另有若干著作誤以徐庭瑤為「唐部第一師副師長兼第二旅旅長」，見江紹貞，《戴笠和軍統》，頁21；劉會軍主編，《尋找真實的戴笠》（北京：團結出版社，2011），頁44。

事發生。[14] 在這種情形下，周偉龍到漯河車站請徐庭瑤接納唐生智某部「祕密效順」是有可能的，至於說周偉龍見徐庭瑤後，「按照戴先生預定計劃，策動反正，裡應外合，叛亂迅即敉平」云云，就顯得誇大其詞了。《年譜》以鄧展謨敘事不詳，又誤以為 1 月 14 日有駐馬店之戰，遂稱周偉龍到漯河後，討逆軍「裡應外合」反攻駐馬店，實則討逆軍係於 1 月 1 日攻克駐馬店，唐部則於 1 月 2 日及 3 日反攻駐馬店失敗，如謂第一師第二旅進駐漯河後有駐馬店之戰，顯係時序錯亂了。[15] 當然，也可能確有駐馬店之戰「裡應外合」的情節，而是鄧展謨誤將該部駐地記為漯河，以至時間上發生矛盾。由於史料有限，這個問題已不易釐清了。

三、結語

有關戴笠早年活動的歷史，原始檔案固已不易尋覓，而為數不多的親歷者也大都沒有留下可靠的文字說明，有些故事得以流傳，全憑親歷者在世時之口譚，再經相關人士之演繹，遂由軍統內部散播於外，逐漸為人所知。今人看不到原始記載，往往選擇聽信這些輾轉而來的「耳食」，然而口耳相傳的史料愈到後來愈不免摻入各種不實

---

14 孫建中，《國民革命軍陸軍第一軍軍史》（臺北：國防部，2016），頁260。

15 陳訓正，《國民革命軍戰史初稿》，第 2 輯第 1 篇，頁 266-267。

情節，戴笠「信陽遇險」及派周偉龍「策反唐部」之說即
其例證。在這種情況下，惟有盡力挖掘一些間接原始史
料，才有可能去偽存真，最大限度還原歷史真相。

6　中原大戰前後戴笠活動情形拾遺

　　關於中原大戰前後戴笠的活動情形，由於檔案缺乏，憶述史料亦極有限，歷來著作中少有提及。本文擬運用近些年公布的原始檔案，配合軍統內刊及相關人士之記載，挖掘戴笠在這一時期的若干事蹟，期能以小見大。

一、大戰前夕　追蹤鐵甲車隊

　　討唐戰爭結束後，戴笠於 1930 年 1 月 22 日自鄭州致電某人，告以將赴北平，請其代向蔣中正申請一月分費用，由北平行營發給：

　　戴密……原擬待平漢車通，經漢回京，現為中山鐵甲車事，准今日赴北平，但弟一月分用費未領，現旅費待盡，且回京尚須時日，刻已電請校座電令北平行營發洋四百元，又發電紙卅張，弟當向領，但恐校〔座〕事冗，故特電請兄代為申請，迅予電令北平行營，並乞兄電覆平行營轉知為慰。弟戴笠。[1]

1　〈戴笠電張鎮〉（1930 年 1 月 22 日），《蔣中正總統文物》，國史館
　　002-080200-00041-020。此電原件無年分、月分及日期，由其內容談及中山

　　1月24日，戴笠已到北平，又致該人一電，重申
前請：

> 代〔戴〕密。鄭發養午電諒達。弟於昨夜到平，今晨
> 向行營機要科查信，聞尚無覆電到平，甚念。刻因旅
> 費台〔殆〕清，而回京尚須時日，故今日復電請校
> 座，乞即電令平行營代發一月分費四百，以便活動，
> 尚且〔乞〕兄就近〔代〕為申請，並祈電覆為禱。長
> 安飯店。弟代〔戴〕笠。[2]

　　這兩件電報漏譯錯譯之字較多，且略去前後銜款，惟
檢索相關史料，可知收電人是陸海空軍總司令部侍從副官
張鎮。張鎮接閱戴笠來電後，即向蔣中正呈報：

> 迭接戴笠由鄭州、北平來電，稱以工作一時不擬回
> 京，去年十二月分旅費已罄，懇鈞座准電平行營就近
> 撥發一月分洋四百元、電報紙卅張。謹請敬乞鈞核。
> 職張鎮代呈，一月廿六日。[3]

鐵甲車事，可知係 1930 年 1 月作，再據戴笠 1 月 24 日電內有「鄭發養午
電諒達」等語，可知此電日期為 22 日。

2　〈戴笠電張鎮〉（1930 年 1 月 24 日），《蔣中正總統文物》，國史館
002-080200-00041-020。此電原件無年分、月分及日期，案 1930 年 1 月 24
日戴笠致蔣中正迴午電，內有「生於梗夜抵平」等語，此電云「昨夜到平」，
則其日期為 24 日。

3　〈張鎮呈蔣中正報告〉（1930 年 1 月 26 日），《蔣中正總統文物》，國
史館 002-080200-00041-028。

　　蔣中正對張鎮的請示當即批示「照准」，並致電北平行營代主任方本仁，告以「戴笠來平時，請發洋四百元、電報紙卅張可也。」[4] 這是蔣中正發給戴笠活動經費的最早可靠記載，由此可見，有傳聞說戴笠在 1930 年前後即月支經費 1,000 元甚至 3,000 元，恐怕是不可信的。[5]

　　戴笠到北平後，分別於 1 月 24 日及 26 日致電南京蔣中正，報告北方軍情：

北平戴笠致南京蔣介石迴午電　十九年一月

生於梗夜抵平，茲有奉陳者：

一、駐滎澤、鞏縣一帶之晉軍楊耀芳部已於養開始撤
　　回石家莊、保定一帶，均由火車輸送。

二、中山大隊鐵甲車全部在長辛店，請速電閻歸還建
　　制，生已與該第二隊隊長曹同學錡〔琦〕密行接
　　洽矣。

三、對於中山隊鐵甲車如有諭旨，乞電平行營轉下。[6]

4　〈蔣中正電方本仁〉（1930 年 1 月 27 日），《蔣中正總統文物》，國史館 002-080200-00041-020。此係張鎮遵照蔣中正批示代擬之電稿，原件有譯電員用鉛筆註明之譯電時間「17/1」，按蔣中正批示時間為 1 月 26 日，則此 17 日當係 27 日之誤。

5　如黃康永謂，戴笠 1928 年任侍從參謀時，蔣中正「每月撥給他三千元活動經費」，見〈我所知道的戴笠〉，頁 155。再如干國勳謂，戴笠 1930 年任侍從副官時，「月支經費一千元」，見〈駁斥「中國國民黨法西斯組織藍衣社」〉，《藍衣社復興社力行社》（臺北：傳記文學，1984），頁 194。

6　〈戴笠電蔣中正〉（1930 年 1 月 24 日），《閻錫山檔案》，國史館 116-010103-0040-034。

北平戴笠致南京蔣介石寢午電　十九年一月

迴午電言太原第一大隊之鐵甲車中山一、二隊自聽閻
命開至長辛店後，已擴充為三隊，閻任該第一大隊長
沈桂五為陸海空軍副司令行營第二鐵甲車司令，生詳
稽其所以願聽命於閻者，既與蔣司令鋤歐不洽，且為
圖自身之升官耳。現沈聞該隊將歸建制，異常恐慌，
查該官兵多籍隸北方，對沈均甚信仰，將來奉命歸還
時，誠恐其有縱令部屬損壞機械之舉動，為保存實力
計，生擬請祈鈞座即電嘉許沈，以安其心，並乞迅
電閻轉令速歸還建制。是否有當，伏乞鈞裁。倘荷採
納，致沈電請由平行營譯轉為妥。[7]

　　戴笠之所以由鄭州北上，是為了「中山鐵甲車事」，
因此這兩件電報除略談晉軍楊耀芳部之輸送情形外，幾乎
全在報告「中山鐵甲車」的去向及現狀。「中山鐵甲車」
即討逆軍鐵甲車隊中山大隊，下轄中山一隊及中山二隊，
當唐生智反蔣時，被唐部扣留利用。1930 年 1 月唐部潰
敗後，鐵甲車多被討逆軍奪回，惟中山一、二兩隊及「北
平」、「泰山」兩列被附和唐生智的孫殿英部搶去，運往
臨潁。蔣中正對此極為關心，曾於 1 月 12 日分電第二路
軍總指揮劉峙、第二軍軍長蔣鼎文、第三軍軍長王治平、
第七軍軍長楊虎城、第十軍軍長徐源泉、鐵甲車隊司令蔣

7　〈戴笠電蔣中正〉（1930 年 1 月 26 日），《閻錫山檔案》，國史館 116-
　010103-0040-063。

鋤歐等人，從速派兵至臨潁，將孫殿英部搶走之鐵甲車截回。他在給劉峙、蔣鼎文的電文中，特別囑咐道：「北平、泰山為最有力之鐵甲車，與中山一、二兩隊萬不可落於其他部隊之手，務設法收回，或先用飛機轟炸鐵路，使其難以行動，並速派少數步兵與鐵甲車追到臨潁，協同駐臨潁之徐部向前捕獲之，萬不可待王治平等南下收回也。」其內心之焦急，躍然紙上。[8]

這時唐生智部已紛紛向討逆軍投誠繳械，孫殿英自知不見容於蔣中正，遂逼鐵甲車北開，投靠正在鄭州督師的陸海空軍副司令閻錫山。閻錫山收到鐵甲車這份厚禮，不禁大喜過望，特於 1 月 13 日致電孫殿英稱許道：「鐵甲車北歸，多賴執事盡心辦理，殊堪嘉慰。」[9] 不久閻錫山返回太原，蔣中正乃致電仍在鄭州的閻部參謀長辜仁發，告以「中山第一、第二隊鐵甲車請即交還原屬官長。」辜仁發則以「中山號鐵甲車在許昌與泰山號相碰，炮車頭部損傷甚重，現已拆卸從事修理，刻下尚不能運動」為由，予以拖延。[10] 其後閻錫山竟未聽從蔣中

8　〈蔣中正電劉峙、蔣鼎文〉（1930 年 1 月 12 日），《蔣中正總統文物》，國史館 002-090101-00010-143；〈蔣中正電王治平〉（1930 年 1 月 12 日），《蔣中正總統文物》，國史館 002-080200-00403-142；〈蔣中正電楊虎城〉（1930 年 1 月 12 日），《蔣中正總統文物》，國史館 002-080200-00403-139；〈蔣中正電徐源泉〉（1930 年 1 月 12 日），《蔣中正總統文物》，國史館 002-010200-00020-038；〈蔣中正電蔣鋤歐〉（1930 年 1 月 12 日），《蔣中正總統文物》，國史館 002-110200-00001-117。

9　〈閻錫山電孫殿英〉（1930 年 1 月 13 日），《閻錫山檔案》，國史館 116-010101-0077-087。

10　〈辜仁發電閻錫山〉（1930 年 1 月 19 日），《閻錫山檔案》，國史館 116-010101-0077-127。

正的命令，而將中山鐵甲車調往他控制下的北平、長辛店一帶。

　　由戴笠的電報可知，閻錫山已將鐵甲車視作己有，他私自將中山大隊擴充，並委任大隊長沈桂五為「陸海空軍副司令行營第二鐵甲車司令」。沈桂五因與鐵甲車隊司令蔣鋤歐不睦，且「圖自身之升官」，也樂於留在閻錫山手下，他聽說蔣中正要求該隊歸建後，不僅無意聽命，反而「異常恐慌」，而該隊官兵「多籍隸北方，對沈均甚信仰」，愈使該隊歸建變得棘手。不過戴笠也提到出身黃埔二期的中山二隊隊長曹琦似與沈桂五意見相左，正與他密行接洽。戴笠據此建議蔣中正，一面「即電嘉許沈，以安其心」，一面「迅電閻轉令速歸還建制」，可知戴笠此時除搜集情報外，也可向蔣中正提供若干決策參考，這是他進一步獲得蔣中正信任的證明。

曹琦

資料來源：編者不詳，「中國國民黨陸軍
軍官學校第二期同學錄」（出
版年不詳）。筆者翻攝。

　　蔣中正接閱戴笠來電後，是否接納其建議不得而知，

但他曾於 2 月 1 日派鐵甲車隊第二隊隊長王櫓前往太原與
閻錫山商議歸還鐵甲車事，閻錫山則虛與委蛇，藉詞不
交，王櫓只得無功而返。[11] 事實上，閻錫山正在緊鑼密
鼓醞釀反蔣，招兵買馬猶恐不及，豈有將鐵甲車交還之
理？尤其鐵甲車是當時最先進的武器之一，為各方所重
視，閻部原本只有山西號鐵甲車一隊，自截奪中山號鐵甲
車後，實力大增為四隊，閻錫山是絕不肯主動放棄這支重
要武力的。[12] 2 月 10 日，閻錫山自太原發出「蒸電」，
表明反蔣態度，由此揭開中原大戰的序幕，鐵甲車事乃不
了了之。

　　由戴笠追蹤鐵甲車隊的故事，不難看出閻錫山在蔣唐
戰爭中的擁蔣立場純是表面文章，其名為陸海空軍副司
令，實則早蓄反蔣之志。戴笠在這一時期發出的幾封電
報，記錄了一段鮮為人知的歷史，既呈現了戴笠早年從事
情報、策反活動的若干實況，也反映了中原大戰前夕蔣、
閻明爭暗鬥的一個側面。

二、大戰期間　策反馮部失敗

　　戴笠在中原大戰期間的活動情形，頗乏原始文獻可
憑。因此情報局出版品《戴雨農先生年譜》（以下簡稱

11　〈王櫓電蔣中正〉（1930 年 2 月 21 日），《閻錫山檔案》，國史館 116-
　　010103-0045-040。

12　陳訓正，《國民革命軍戰史初稿》，第 2 輯第 2 篇，頁 3。

《年譜》）初版只說他「調查敵情，策動反正，屢入敵後，冒險犯難，僕僕風塵，甚至廢寢忘餐，而料敵多中，策反有成，關係整個戰局之轉捩者甚大。」全係泛泛之談，而無具體事實。[13]《年譜》再版則稍有增益，略謂戴笠曾派王孔安密赴北平參加反蔣派召開的「擴大會議」，以偵察其內情，惟此事亦缺乏原始文獻的印證。[14]

喬家才對戴笠在中原大戰期間的策反活動也有兩段記載：一是對《年譜》再版的內容進行補充：「〔戴笠〕派王孔安加入反中央組織，到達北平參加會議，瞭解擴大會議的一切活動。王孔安又介紹李丹符給戴笠，派去策反鄧寶珊，柯玉珊去策反馮玉祥部趙冠英，都發生了相當效力。」[15]喬家才這條記載應當源自王孔安的回憶，亦屬孤證之例，其可靠性如何，尚有待於相關史料的發掘。

二是援引馬志超的談話，謂戴笠曾派其赴開封，試圖策反閻錫山、馮玉祥委任之代理河南省省長李純如（筱蘭）及代理第六路總指揮石振清：

十九年中原大戰，馮玉祥的第六路總指揮兼河南省政府主席萬選才被中央軍俘虜，押在南京軍法處。戴先生認定可以拿上萬選才幹一件驚天動地的大事，但是需要一位勇敢而又機警的人去進行，戴先生認為只有

13 國防部情報局編，《戴雨農先生年譜》（初版），頁16。
14 國防部情報局編，《戴雨農先生年譜》（再版），頁22。
15 喬家才，〈鐵血精忠傳（二）〉，頁68-69。

馬志超具備這種條件，於是同他商量，他毫不猶豫承
擔下來。

萬選才是河南人，馬志超以親近同鄉關係，到軍法處
給他送些食物、用品，最後兩人見了面，萬選才非常
感激他多日來的接濟照顧。他乘機說以利害，要萬選
才給李筱蘭和石振清寫信，勸他們反正起義，好搭救
他自己的性命。萬被俘後，開封方面的政治由李筱蘭
負責，軍事由石振清負責。萬選才給他們兩人寫信，
要他們活捉馮玉祥或鹿鍾麟……

馬志超赴開封遞送這封策反的信件，如果成功，固然
是一鳴驚人的壯舉。不成功，被叛軍捉住，非殺頭不
可。馬志超……拿上萬選才的信，祕密進了開封城，
住在河南大旅社，先找政務委員會的主席魏少尤，要
他把萬選才的信轉給李筱蘭和石振清……

馬志超等了兩天，魏少尤要他在夜裡兩點鐘到省政府
見面。原來李、石兩人正召集團長以上的軍官在開
會，當場向大家介紹他是從南京來為萬主席送信的，
徵詢大家的意見。好幾位團長態度很積極，主張接受
萬主席的命令，搭救他的性命，可是石振清一句話也
不說，不表明態度，一時作不了決定。馬志超看見情
形不妙，要求他先退席，好讓他們仔細研究。第二天
清早，河南大旅社門口有一輛汽車，預備開往鄭州，
他付了車錢，趕緊上車逃往鄭州。原來石振清不贊成
萬選才的主張，等到下午派人捉拿馬志超，已經逃得

無影無蹤……[16]

馬志超，以字行，陝西華陰人。西安民立中學、黃埔軍校一期畢業。1927 年 4 月國民政府奠都南京後，奉派為長江要塞總司令部特務營營長兼京滬區稽查處處長。蔣中正引退後，所部為桂系收編，遂辭職，旋與戴笠結識，竟夕晤談，歡逾平生。1928 年初，奉調國民革命軍總司令部侍從官，隨侍蔣中正，得與戴笠朝夕相對，訂為至交，以澄清吏治、戡平叛亂相互勉勵。[17]

萬選才之被捕實與馬志超有相當關係，據〈馬代表志超傳略〉記載：

十八年初，西北十三將領通電反對中央，馮、閻相約謀叛，代表受命為何成濬隨員，往晉南查報閻、馮動態，知馮玉祥進入山西，乃急電呈報，蔣總司令即赴北平會晤張學良，西北局勢因馮他去，遂告平息。未幾，閻、馮態度復趨曖昧，西北局勢又告緊張，代表奉派為陝西軍事副特派員，與駐在山西之豫軍劉鎮華部聯絡成功。十九年初，遂與劉策定，由劉茂恩於邀宴中扣留馮部駐河南之第六路總指揮兼河南省主席萬選才。

16 喬家才，〈抗日情報戰（十三）——戴笠將軍和他的同志〉，《中外雜誌》，第 23 卷第 1 期（1978.1），頁 27。

17 國民大會秘書處編，《第一屆國民大會逝世代表傳略》，第 1 輯（臺北：國民大會秘書處，1980），頁 254。

　　至於戴笠密派馬志超運用萬選才策反叛軍事，在原始檔案中亦有跡可循。按萬選才於 5 月 20 日被俘後，即被押往南京。[18] 6 月 15 日，正在討逆前線的蔣中正接到侍從副官蔡勁軍自南京來電，略稱：「志超同學由鄭來京報告，萬選才部各高級官長，僉以中央倘能對萬寬予優容，願率全部服從中央，舉義開封，直搗敵後，以贖前愆，特公舉王文宣偕馬來京，晉謁鈞座請示。」即復電云：「馬志超、王文宣兩人今日尚未來見，如仍在京，可令即來。」[19] 這兩件來往電報的內容和喬家才文字所反映的情況剛好是相反的，不過這一矛盾並不影響戴笠策反失敗的結果。

　　6 月 26 日，蔣中正電令參謀總長朱培德解萬選才往駐馬店、武漢一帶管押，以便影響其舊部石振清、宋天才等反正。然而萬選才赴漢後並未發生效力，他曾在武漢對其弟萬雲閣說：「我的死敵是石振清，他經我一手成全，今竟裝聾作啞，見死不救。」[20] 此後直至戰爭結束，石振清終未投蔣，萬選才則於 10 月間被蔣槍決。戴笠這次失敗的策反活動與《年譜》所謂「策反有成」恰是一個相反的記載，此為《年譜》詞多溢美之一證。

18　〈萬殿尊、宋天才、石振清、李廷輔電閻錫山〉（1930 年 5 月 22 日），《閻錫山檔案》，國史館 116-010101-0088-236。

19　周琇環編註，《蔣中正總統檔案－事略稿本》，第 8 冊（臺北：國史館，2003），頁 241-242。

20　周琇環編註，《蔣中正總統文物－事略稿本》，第 8 冊，頁 275；張釴，〈國民二軍與鎮嵩軍之戰〉，《洛陽文史資料》，第 7 輯（洛陽：中國人民政治協商會議河南省洛陽市委員會，1990），頁 54。

三、大戰結束　調查貪汙案件

　　據戴笠故舊姜超嶽談，戴笠於中原大戰結束後，曾在南京調查他是否貪汙：

> 我於民國 19 年 11 月由韓復榘推薦，出任國民政府參事，由韓出錢，在南京蓋了一幢私人洋房。戴笠懷疑我有貪汙行為。我聞訊在一氣之下，將我的上級、周圍的同事以及下屬人員的名單，統統開具交給戴笠，請調查我是否有貪汙行為。為此我們兩人斷絕來往。[21]

　　姜超嶽這段談話屬於孤證，迄未被人注意。惟筆者查到軍統元老同時也是戴笠表親的張冠夫的一段文字，可佐證此事。按姜超嶽晚年在臺撰有〈戴先生雨農傳〉一文，風行一時，內稱：「先生稍長，豪放不羈，曾浪跡異鄉，經年不歸……多以有遺行疑之。」查「遺行」謂行為失檢者，由此引起張冠夫的不滿。張冠夫曾致信姜超嶽說：「你們兩人在南京時，戴先生為某事雖責問過你，發生爭論，造成誤會，但至今時過境遷，戴先生且已謝世，不應在其死無辯白之形勢下，為其寫傳，留下不雅之疑寶，為

---

21 申元，〈姜超嶽先生訪談錄〉，《衢州文史資料》，第 15 輯（衢州：衢州市政協學習和文史資料委員會，1997），頁 179。

後世子孫所誤解」云云。[22]張冠夫所謂「某事」，當指
戴笠調查姜超嶽貪汙之事。

　　眾所周知，日後戴笠主持特種工作，除進行情報、逮
捕、暗殺、策反等活動外，還負有檢舉政府官員貪汙之
責，由姜超嶽的談話可知，早在戴笠個人活動時期，檢舉
貪汙就是他的基本任務之一了。

22　張冠夫訪問紀錄，《健行月刊》，第 236 期，頁 224。

7　戴笠與聯絡組

　　1931 年 12 月 15 日，蔣中正因寧粵分裂及九一八事變，內憂外患交相侵迫，再次下野。據《戴雨農先生年譜》（以下簡稱《年譜》）記載，蔣中正辭職返鄉前夕，令戴笠成立聯絡組，「主要任務為團結以黃埔學生為中心之革命力量，偵察敵情，鎮壓反動」，「於是在京、滬、杭、平、津、漢、港、穗、贛等地建立組織，積極活動」。[1] 至此，戴笠「單槍匹馬的軍事調查生涯才算告一段落」。[2]

一、關於聯絡組之名稱與成立時間

　　過去由於原始史料缺乏，有人認為聯絡組早在 1931 年 12 月以前就成立了，如章君穀、費雲文認為聯絡組成立於 1928 年 1 月二次北伐開始時；也有人把聯絡組、密查組混淆，如唐良雄認為，聯絡組是 1927 年 8 月蔣中正第一次下野後成立的，密查組則是 1931 年 12 月蔣中正第二次下野後成立的，這種說法剛好和實際情況相反；還有

1　國防部情報局編，《戴雨農先生年譜》（再版），頁 24。
2　毛鍾新，〈九州兵革浩茫茫──戴笠別傳之九〉，頁 54。

人並不清楚聯絡組的名稱，稱之為「調查通訊小組」。[3]

當原始史料陸續公布後，可知《年譜》記載無誤，其他異說則不足為憑了，茲舉三條關鍵證據：

（一）戴笠奉命成立聯絡組後，曾邀黃埔同學唐縱等人參加工作，據唐縱 1931 年 12 月 26 日日記云：「晚上到戴笠家裡，談及時局轉變的問題，大家都是疾首蹙額。戴仍然還在作祕密工作，而且要擴大的努力，他要我也參加。在蔣總司令下野的時候，已得了總司令的允許，成立一組，十個人，分布各地，聯絡與考核各同學的行動與態度。」[4]此條可證聯絡組之成立時間。

（二）聯絡組成員徐亮曾於 1942 年撰寫〈十年前〉一文，指出該組主要任務之一「是向各部隊傳達中央意旨」，「因此名為聯絡組」。[5]此條可證聯絡組之名稱。

（三）據《事略稿本》記載，蔣中正宣布下野時，戴笠的好友、第一師師長胡宗南率部駐鄭州，曾於 12 月 17 日致電蔣中正云：「一、鈞座辭電到鄭州，全軍彷徨，立請指示方針，以慰眾望。二、請迅令戴笠同志急組聯絡組，以聯絡各地忠勇同志為目的，為在野時間的領袖與幹部聯絡的惟一機關，每月經費約二千至三千元之數，請

3　章君穀，〈戴笠的故事（一）〉，頁 17；費雲文，〈戴雨農其人其事（一）〉，頁 11。唐良雄，《戴笠傳》，頁 42。劉會軍主編，《尋找真實的戴笠》即採此說，見該書第 45 頁。章微寒，〈戴笠與軍統局〉，頁 83。

4　公安部檔案館編註，《在蔣介石身邊八年——侍從室高級幕僚唐縱日記》（北京：群眾出版社，1991），頁 28。

5　徐有威，〈從徐亮的《十年前》看戴笠之早期活動〉，頁 62。

指定的款，按月撥發。」蔣中正接閱來電後，於 12 月 19 日復電云：「篠電悉，第二項當照辦。」[6]　此條為直接原始檔案，價值最大。

二、十人團名單考

　　戴笠擔任聯絡組組長，是其變個人活動為組織活動的開端。1932 年 4 月，他以聯絡組為基礎成立特務處，更成為其一生事業的重要轉捩點。因此，聯絡組雖然存在時間不足四個月，但這一組織是特務處與軍統局的前身，在軍統沿革史上占有非常重要的地位。聯絡組的工作人員遂被視為軍統特務組織的創始元老，有「十人團」之稱。關於「十人團」的名單，除戴笠本人外，其餘參加者為誰歷來眾說紛紜，就筆者所見，主要說法即有十四種之多：

（一）徐亮說：徐亮、張炎元、胡天秋、黃雍、周偉龍、唐縱、鄭錫麟、曹恢先、王天木。後曹恢先退出，馬策、賴申補入。[7]

（二）黃雍說：唐縱、吳迺憲、張炎元、黃雍、徐亮、王天木、馬志超、梁幹喬、余洒度。[8]

（三）沈醉說：張炎元、黃雍、周偉龍、徐亮、馬策、

6　周美華編註，《蔣中正總統檔案－事略稿本》，第 12 冊（臺北：國史館，2006），頁 474。

7　徐有威，〈從徐亮的《十年前》看戴笠之早期活動〉，頁 63。

8　黃雍，〈黃埔學生的政治組織及其演變〉，《文史資料選輯》，第 11 輯（北京：中華書局，1960），頁 17。

胡天秋、鄭錫麟、梁幹喬、王天木。[9]

（四）費雲文及《年譜》再版說：唐縱、張炎元、王兆槐、東方白、徐亮、趙世瑞、張冠夫、胡天秋。[10]

（五）《戴雨農先生傳》（以下簡稱《傳記》）說：周偉龍、唐縱、張炎元、徐亮、趙世瑞、張冠夫、胡天秋、馬策、鄭錫麟、王天木、王兆槐。[11]

（六）唐良雄說：馬策、胡天秋、徐亮、趙世瑞、鄭錫麟、張炎元、方超、唐縱、吳迺憲、王天木。一說有周偉龍、張筱嵩，無趙世瑞、吳迺憲、方超。[12]

（七）文強說：張炎元、周偉龍、唐縱、徐亮、馬策、胡天秋、梁幹喬、王天木、鄭錫麟、許某某。[13]

（八）程一鳴說：鄭介民、張炎元、黃雍、徐亮、唐縱、鄭錫麟、馬策、胡天秋、劉培初。[14]

（九）喬家才說：張炎元、徐亮、周偉龍、張筱高、王天木、馬策、唐縱、胡天秋、鄭錫麟。[15]

（十）章微寒說：王天木、唐縱、張炎元、徐亮、胡天秋、周偉龍、馬策、黃雍、鄭錫麟。後馬策、鄭

9 沈醉，〈我所知道的戴笠〉，頁 65。

10 費雲文，〈戴雨農其人其事（一）〉，頁 12；國防部情報局編，《戴雨農先生年譜》（再版），頁 25。

11 國防部情報局編，《戴雨農先生傳》，頁 17。

12 唐良雄，《戴笠傳》，頁 42。

13 沈醉、文強，《戴笠其人》，頁 194。

14 程一鳴，〈軍統特務組織的真象〉，《廣東文史資料》，第 29 輯（廣州：廣東人民出版社，1980），頁 191。

15 喬華塘，〈十人團中的胡天秋〉，《中外雜誌》，第 30 卷第 4 期（1981.10），頁 73。

錫麟申明退出，由劉恢先、裴西度補入。[16]

（十一）張炎元說：張炎元、王天木、陳恭澍、鄭錫麟、
　　　　胡天秋、黃雍、趙世瑞、周偉龍、馬策。[17]

（十二）徐遠舉、郭旭、文強、廖宗澤、岳燭遠、章微
　　　　寒、邢森洲等人說：張炎元、周偉龍、梁幹喬、
　　　　胡天秋、馬策、徐亮、鄭錫麟、黃雍、王天
　　　　木。一說無黃雍、王天木，有唐縱、鄭介民。[18]

（十三）黃康永說：張炎元、黃雍、周偉龍、馬策、鄭
　　　　錫麟、梁幹喬、徐亮、胡天秋、王天木。[19]

（十四）王業鴻說：唐縱、徐亮、胡天秋、馬策、周偉
　　　　龍、鄭錫麟、胡國振、王天木、黃雍。[20]

　　以上十四份名單幾乎全由軍統元老提出，僅黃雍一人
不是軍統中人，但他是聯絡組的一員，所述亦值得重視，
相關人士及後世學者演繹的眾多「十人團」版本，大抵不
出這十四份名單的範圍。如再對十四份名單進行篩選，則
徐亮、黃雍、張炎元三人均曾親與聯絡組之事，他們提出

16　章微寒，〈戴笠與軍統局〉，頁83。

17　張炎元，〈工作回憶瑣記〉，《張炎元先生集續編》（臺北：自刊，1993），頁165。

18　徐遠舉、郭旭、文強、廖宗澤、岳燭遠、章微寒、邢森洲，〈軍統局、保密局、中美特種技術合作所內幕〉，《文史資料存稿選編》，第13冊（北京：中國文史出版社，2002），頁465-466。該文若干作者在另外兩篇文字中繼續援引該文說法，見文強、廖宗澤、邢森洲、岳燭遠、徐遠舉等，〈中華復興社的內幕〉，《文史資料存稿選編》，第13冊，頁325，此文編輯時，又將原稿「黃雍」誤作「黃維」；郭旭，〈我所知道的唐縱〉，《上海文史資料存稿彙編》，第2冊（上海：上海古籍出版社，2001），頁400。

19　黃康永，〈軍統特務組織的發展和演變〉，《文史資料存稿選編》，第13冊，頁656。

20　王業鴻，〈戴笠的起家〉，頁622。

的名單最為可信；另據沈醉自述，他在 1942 年軍統成立十周年紀念大會上曾親自聽到戴笠宣讀這十個人的名單，且在 1961 年、1975 年先後由黃雍、鄭錫麟對此份名單進行過核對，故其所述亦值得重視。[21] 至於其他人則不是聯絡組時期的親歷者，提出的名單必是輾轉聽聞而來，只可作為備考之說。

關於聯絡組的歷史，過去殊乏原始史料可供參考，只有唐縱日記中的寥寥數語，因此想要確定「十人團」的名單極為困難。曾有學者指出，徐亮、黃雍、張炎元、唐縱四人作為「十人團」的成員，他們的回憶或日記最為可信，遂對他們提出的名單進行整理，凡重複者計入，最後得出結論如下：除戴笠外，黃雍、徐亮、張炎元、唐縱、鄭錫麟、王天木六人可以確定是「十人團」的成員，其餘三人待考。[22] 在缺乏原始史料可憑的情況下，這樣考證不失為一種可行的方法，不過隨著近些年來若干軍統人事檔案的公布，現在有必要根據檔案記載，對這十四份名單中的相關人員再進行具體驗證。

筆者所見軍統人事檔案，包括記有軍統工作人員到差年月的幾種名冊：

（一）1936 年，特務處編製的《二十四年年終總考績擬請增薪人員名冊》。此係迄今所見最早的軍統工作人員名冊，其中註明各相關人員之到差年月為：

21 沈醉，《軍統內幕》，前言，頁 7。
22 徐有威，〈從徐亮的《十年前》看戴笠之早期活動〉，頁 63。

　　張袞甫即張冠夫，1932 年 4 月；胡天秋，1932 年
　　9 月；趙世瑞，1932 年 1 月。[23]

（二）1938 年，特務處編製的《二十六年分內外勤工作
　　人員總考績名冊》。其中註明各相關人員之到差
　　年月為：梁幹喬，1932 年 4 月；劉培初，1932 年
　　5 月；趙世瑞，1932 年 4 月；張袞甫，1932 年 4 月；
　　周偉龍，1932 年 2 月；王道成即王天木，1937 年
　　8 月；陳一新即陳恭澍，1932 年 2 月。[24]

（三）1938 年 5 月，戴笠向蔣中正呈報的特務處「最有
　　能力與成績者」十人名單。[25] 其中註明各相關人員
　　參加工作之年月為：王天木，1932 年 2 月；陳恭
　　澍，1932 年 2 月；周偉龍，1932 年 1 月；唐縱，
　　1932 年 4 月。[26]

（四）1940 年，軍統局編製的《二十八年工作總報告》。
　　其中註明各相關人員參加工作之年月為：鄭介民，
　　1932 年 4 月；趙世瑞，1932 年 3 月；鄭錫麟，
　　1932 年 7 月；王兆槐，1933 年 5 月，徐為彬即
　　徐亮，1932 年 1 月；唐縱，1932 年 1 月；陳恭

23　〈特務處二十四年年終總考績擬請增薪人員名冊〉，《國民政府檔案》，
　　國史館 001-023330-00002-005。

24　〈特務處二十六年分內外勤工作人員總考績名冊〉，《蔣中正總統文物》，
　　國史館 002-110702-00030-001。

25　〈蔣中正手令戴笠〉（1938 年 5 月 7 日），《蔣中正總統文物》，國史館
　　002-010300-00012-011。

26　〈戴笠呈蔣中正報告〉（1938 年 5 月），《蔣中正總統文物》，國史館
　　002-080102-00034-005。

澍，1932 年 2 月；馬志超，1935 年 4 月；張炎
元，1932 年 1 月；吳迺憲，1934 年 4 月；胡國振，
1933 年 3 月。[27]

（五）1941 年，軍統局編製的《工作會議內外勤出席人
員名冊》。其中註明各相關人員參加工作之年月
為：張衮甫，1932 年 4 月；張炎元，1932 年 1 月；
劉培初，1932 年 5 月；胡天秋，1932 年 5 月；徐
為彬，1931 年 1 月；趙世瑞，1932 年 3 月；鄭錫
齡即鄭錫麟，1932 年 4 月；馬策，1931 年 7 月；
鄭介民，1931 年 4 月。[28]

這五種名冊固然是難得一見的絕密史料，其準確性也
較一般記載為佳，不過任何史料均有其局限，軍統人事
檔案也不例外。茲舉一例：軍統人事單位曾分別於 1938
年 5 月及 1940 年 1 月向蔣中正呈報工作得力者名單，兩
份名單中均有趙理君，前者填寫其參加工作年月為 1931
年，[29] 後者則為 1935 年。然而這兩種記載均有問題，戴
笠曾就此指出，趙理君是 1932 年參加工作的，並手令代
理祕書主任毛人鳳、人事科長李肖白，指示今後對於上行
與對外文件必須親自審核，「以免錯誤而昭慎重」。[30]

27 蘇聖雄主編，《諜報戰：軍統局特務工作總報告（1939）》（臺北：民國歷史文化學社，2021），頁 24-25、27、32、82-84。

28 〈軍事委員會調查統計局工作會議內外勤出席人員名冊〉，《蔣中正總統文物》，國史館 002-080102-00036-003。

29 〈戴笠呈蔣中正報告（1938 年 5 月）〉，《蔣中正總統文物》，國史館 002-080102-00034-005。

30 戴笠手令毛人鳳、李肖白（1940 年 1 月 27 日），《戴先生遺訓》，第 3 輯（臺

　　簡言之，軍統人事檔案的記載較為準確，但其內容也不可盡信。有鑑於此，筆者擬以這五種名冊記載之到職年月為基礎，同時輔以相關史料，盡可能對其到差年月之準確性進行考察，進而對十四份名單中提到的二十八名相關人員的身分進行分析：

　　張冠夫，1932 年 4 月到職。據此，張冠夫是在特務處成立後參加工作的。但據徐亮回憶，張冠夫曾擔任聯絡組的會計和庶務事宜，但他並不是「十人團」的一員。而張冠夫晚年接受學者徐有威訪問時亦有同樣說法，即他在聯絡組工作期間，「沒有名義，只是替戴笠接待和管家」。[31] 由此觀之，聯絡組編制十人，但其實際工作人數或不只十人，有些參加工作的人並非編制內人員，亦即不是所謂「十人團」的成員。

　　胡天秋，有 1932 年 5 月及 1932 年 9 月到職兩種記載。這兩種記載均不可信，因據胡天秋向喬家才談話稱，他是「十人團」的成員，而聯絡組中的徐亮、張炎元亦持同樣說法。[32]

　　趙世瑞，有 1932 年 1 月、1932 年 3 月及 1932 年 4 月到職三種記載。據此，趙世瑞是否參加聯絡組尚在疑似之間。不過張炎元曾指出，趙世瑞是「十人團」的一員。毛鍾新亦回憶：「戴先生自以為曾包庇貪汙，三十三

　　北：國防部保密局，1954），頁 30-31。

31　徐有威，〈從徐亮的《十年前》看戴笠之早期活動〉，頁 64。

32　喬華塘，〈十人團中的胡天秋〉，頁 73。

年在建陽扣押浙江緝私處處長某先生（為聯絡組十人之一，為特務處之開山幹部。）」[33] 按趙世瑞於抗戰期間曾任浙江緝私處處長，1944 年 5 月奉令辭職交卸。再按軍統舊人鄧葆光回憶，抗戰期間趙世瑞因貪汙被戴笠扣押，至戴笠死後始釋出。[34] 可知毛鍾新所謂「某先生」即指趙世瑞。因此，趙世瑞當係「十人團」的一員。

梁幹喬，1932 年 4 月到差。據此，梁幹喬也是特務處成立後始加入的。值得注意的是，最早提出梁幹喬為「十人團」成員的是黃雍，其後又有沈醉、文強、黃康永等人持同樣說法，這些人的回憶文字均發表於《文史資料選輯》及《文史資料存稿選編》，由於沈醉等人未曾親與聯絡組之事，他們很有可能是轉引了黃雍的說法。不過黃雍對梁幹喬的回憶並不準確，比如他說特務處成立後梁幹喬沒有參加，實則梁幹喬不僅在特務處成立之初就參加了，還擔任了「甲室」書記的要職。[35] 此外，黃雍對聯絡組的回憶也不盡準確，比如他提出的「十人團」名單中沒有周偉龍、胡天秋、鄭錫麟，然而此三人均可確定是聯絡組的成員。由此可見，黃雍的說法不足為憑。

劉培初，1932 年 5 月到差。按劉培初僅見於程一鳴

---

33 毛鍾新，〈為戴笠先生白謗辯証——質魏大銘先生〉，《中外雜誌》，第 30 卷第 4 期（1981.10），頁 15。

34 鄧葆光，〈我所知道的戴笠和軍統〉，《上海文史資料選輯》，第 55 輯（上海：上海人民出版社，1986），頁 158。

35 梁幹喬擔任甲室書記一節，參見孫雨聲，《亂世行春秋事：戴笠與中國特工（1897-1936）》（臺北：秀威資訊，2019），頁 106。

提出的名單，而程一鳴係於 1934 年 6 月始參加軍統的，他的說法不足為憑。[36] 且劉培初撰有回憶錄及多篇回憶文字，縷述其追隨戴笠之經歷，均未提及參加聯絡組之事，又稱其於武漢經鄧文儀介紹而結識戴笠，旋即參加軍統工作，[37] 查聯絡組時期鄧文儀並不在武漢，而在溪口隨侍蔣中正，凡此均足證劉培初不是「十人團」的一員。

周偉龍，有 1932 年 1 月、1932 年 2 月到職兩種記載。無論何種記載，均顯示周偉龍參加了聯絡組的工作。另據喬家才轉述邱開基的談話稱，戴笠曾親口說過周偉龍是「十個人中間的一個」。[38] 且徐亮、張炎元也有同樣說法。據此，周偉龍無疑是「十人團」的一員。

王天木，有 1932 年 2 月、1937 年 8 月到職兩種記載。按王天木與戴笠相識甚早，毛鍾新說他們在討唐戰爭期間已有交情。[39] 陳恭澍也說王天木「在戴先生尚未出任特務處之前，早已合作多時。」[40] 王天木日後擔任特務處天津站站長，於 1934 年因「箱屍案」被判監禁，至 1936 年12 月西安事變後始獲釋出，重新工作。人事檔案中所記1937 年 8 月到職，大概與王天木被監禁的經歷有關。[41]

36　〈特務處二十四年年終總考績擬請增薪人員名冊〉，《國民政府檔案》，國史館 001-023330-00002-005。

37　劉培初，《浮生掠影集》（臺北：正中書局，1968），頁 53-54。

38　喬家才，〈抗日情報戰（九）——戴笠將軍和他的同志〉，《中外雜誌》，第 22 卷第 3 期（1977.09），頁 46。

39　戈士德，〈戴笠與周偉龍（上）〉，《中外雜誌》，第 31 卷第 5 期（1982.05），頁 136。

40　陳恭澍，《北國鋤奸》（臺北：傳記文學，1981），頁 41-42。

41　參見孫雨聲，《亂世行春秋事：戴笠與中國特工（1897-1936）》，頁 211-212。

若論實際情形，則 1932 年 2 月才是王天木參加軍統的準確時間。且徐亮、黃雍、張炎元的名單中均有王天木，可見王天木無疑也是「十人團」的一員。

陳恭澍，1932 年 2 月。按張炎元提出的名單中有陳恭澍，陳恭澍自己也說，他於 1932 年 2 月「一二八抗戰」期間，曾受戴笠之託往徐州傳遞密信，可見他當時確是為聯絡組工作。不過他並不瞭解聯絡組的名義，還說自己只是「客串」情報活動，則其在聯絡組中的身分或與張冠夫類似，即僅僅居於協助地位，而非正式工作人員。[42]

唐縱，有 1932 年 1 月、1932 年 4 月到職兩種記載。按唐縱日記，他於 1931 年 12 月底聯絡組成立之初即加入了，1932 年 1 月這一記載是正確的。且徐亮、黃雍的名單均提及唐縱，可知唐縱也無疑是「十人團」的一員。

鄭介民，有 1931 年 4 月、1932 年 4 月參加工作兩種記載。按鄭介民從事特務活動甚早，1931 年 4 月這一記載如果無誤，則應當是他開始擔任某種特務工作的時間，此後直至 1932 年 4 月特務處成立前，他雖然不是為戴笠工作，但他的工作經歷日後仍然得到軍統方面的承認。至於 1932 年 4 月這一記載，則眾所周知是鄭介民參加特務處的時間。另據喬家才稱，他曾訪問特務處元老邱開基，詢以：「特務處的工作開始時，連同戴先生在內一共有十個人，你既然是最初的執行科長，我想一定是十個人中間

---

42 陳恭澍，《北國鋤奸》，頁 11-12。

的一個人？」邱開基對此予以否認，說：「我同鄭介民先生是奉派協助戴先生工作的，鄭先生擔任偵查科長，我擔任執行科長，所說的最初工作的十個人，係指戴先生自己找來參加工作的同志而言，我同鄭先生並不包括在十個人之內。」[43] 據此，鄭介民資歷雖老，但他並不是「十人團」的成員。

鄭錫麟，有 1932 年 4 月、1932 年 7 月到職兩種記載。按此兩種記載均有問題。據唐縱 1931 年 12 月 28 日日記云：「上午十時在戴笠家裡，弄妥工作程式，經過宣誓鄭重的儀式。與走開了的朋友錫麟，現在又在這個圓桌子上見面，不期然的又走在一條道路上來了。」[44] 再據徐亮、張炎元的名單中均有鄭錫麟。又軍統元老鄧葆光曾指出：「鄭錫麟是戴笠早期特務組織十人團成員之一。」[45] 可知鄭錫麟無疑是十人團的一員。

王兆槐，1933 年 5 月參加工作。按費雲文及《年譜》、《傳記》提出的名單中均有王兆槐，惟《年譜》、《傳記》均由費雲文執筆編纂，故此三種名單實可視為費雲文一人的說法。費雲文誤以為聯絡組成立於 1928 年 1 月，而王兆槐曾於彼時協助戴笠工作，遂稱王兆槐是聯絡組的一員，這顯然是錯誤的。[46]

43　喬家才，〈抗日情報戰（九）──戴笠將軍和他的同志〉，頁 46。
44　公安部檔案館編註，《在蔣介石身邊八年──侍從室高級幕僚唐縱日記》，頁 29。
45　鄧葆光，〈我所知道的戴笠和軍統〉，頁 153。
46　費雲文編纂《年譜》、《傳記》一節，見《戴雨農先生年譜》（再版），

　　徐亮，有 1931 年 1 月、1932 年 1 月到職兩種記載。徐亮與戴笠是黃埔六期入伍生團及騎兵營同學，「交誼最久」，[47] 他是否在 1931 年 1 月即追隨戴笠從事特務活動，囿於資料不得而知，不過他在 1932 年 1 月參加聯絡組確是沒有問題的，這從他本人的回憶及黃雍提出的名單中可以得知。據此，徐亮當係「十人團」的一員。

　　張炎元，1932 年 1 月參加工作。張炎元為十四份名單中出現頻率最高者，除王業鴻外，其他人均有提及，可謂眾所公認的「十人團」成員。此外陳恭澍回憶錄對張炎元在聯絡組時期的活動情形記載頗詳，故張炎元之身分無可疑義。

　　馬志超，1935 年 4 月參加工作。按徐亮、張炎元的名單均無馬志超在內，僅有黃雍的名單提及，不知有何根據。再按毛鍾新曾說：「戴笠接任特務處與浙江警校政治特派員，重要幹部如趙龍文、史銘、馬志超、魏大銘均來自第一師。」據此，馬志超係在 1932 年 4 月以後加入軍統的，他並沒有參與聯絡組的工作。[48]

　　吳迺憲，1934 年 4 月參加工作。按黃雍提出的名單中有吳迺憲，此點值得重視，蓋因黃雍與吳迺憲是黃埔一期及「特別研究班」同學，彼此較為熟悉。另據陳恭澍回

憶，吳迺憲在 1932 年 3 月即奉戴笠之命，與張炎元前往
港粵活動。惟吳迺憲於同年 9 月被港英當局逮捕，被判監
禁一年後始重新工作，故人事檔案中有 1934 年 4 月到職
這樣的記載。[49] 如果黃雍和陳恭澍記憶無誤，則吳迺憲應
當是「十人團」的一員，然而張炎元提出的名單中沒有吳
迺憲，這又足以啟人疑竇，張炎元在赴粵之前曾與黃雍、
陳恭澍同居，何以他們對吳迺憲的回憶不一致呢？據此，
吳迺憲是否為「十人團」的一員，尚須存疑。

胡國振，1933 年 3 月參加工作。按胡國振僅見於王
業鴻提出的名單，王業鴻係於 1933 年 3 月參加軍統，和
胡國振均在浙江警校任職，對胡瞭解較多。[50] 不過軍統要
員王惠民曾指出，戴笠擔任浙江省警官學校特派員時，聘
胡國振為指導員，胡國振直到被戴笠羅致，「始離開新聞
界。」[51] 戴笠係於 1932 年 5 月擔任浙江警校政治訓練特
派員，則胡國振追隨戴笠工作顯然在此一時間之後，此其
未曾參加聯絡組之明證。[52]

馬策，1931 年 7 月到差。按馬策之史料極少，筆者
僅查到其於抗戰時期填寫之軍事委員會委員長侍從室人事
登記片稿，內載 1931 年 7 月擔任武漢要塞步兵第一團營

49 陳恭澍，《北國鋤奸》，頁 13。

50 國防部情報局編，《本局殉職殉難先烈事蹟彙編》（臺北：國防部情報局，
 1965），頁 755。

51 王惠民，〈胡國振先生的家世與青年時期事業〉，《胡國振先生紀念集》（臺
 北：出版者不詳，1970），頁 11。

52 〈蔣中正電魯滌平、呂苾籌、許紹棣〉（1932 年 5 月 22 日），《蔣中正
 總統文物》，國史館 002-010200-00066-048。

長，1932年1月調任第一師補充團營長，並未提及參加
聯絡組之事，不過軍統中人對外填寫履歷時，常不提及特
務工作經歷，因此這樣的記載也不足為異。[53] 且徐亮、張
炎元均曾提及馬策，可知馬策當係「十人團」的一員，考
慮到戴笠擔任聯絡組組長時的另一個名義是第一師駐京辦
事處處長，馬策有可能是透過第一師的關係追隨戴笠活動
的。[54] 只是馬策的到職年月何以在聯絡組成立以前，這還
有待相關史料的發掘。

此外，十四份名單內尚有十人在軍統人事檔案中未見
記載，他們是：多人提及的黃雍；徐亮提到的曹恢先、賴
申；黃雍提到的余洒度；費雲文提到的東方白；唐良雄提
到的方超、張曉嵩；文強提到的許某某；章微寒提到的劉
恢先、裴西度。

黃雍係「十人團」的一員，無可疑義，有其本人及徐
亮、張炎元的回憶可證，陳恭澍回憶錄中亦有佐證。[55]

曹恢先與黃雍的情形類似，他曾一度參加聯絡組，但
中途又退出，日後也未加入軍統。其事除有徐亮的回憶
可證外，尚有唐縱1932年2月15日日記云：「恢先來
信，說我與他的任務是由雨農轉來力行社的，他現在已經
告退了。」[56]

53 〈馬策〉，《軍事委員會委員長侍從室檔案》，國史館129-010000-3404。
54 蔡孟堅，〈我與戴笠將軍〉，《中外雜誌》，第24卷第3期（1978.9），頁78。
55 陳恭澍，《北國鋤奸》，頁13。
56 公安部檔案館編註，《在蔣介石身邊八年——侍從室高級幕僚唐縱日記》，

　　賴申僅見於徐亮的名單，不知何人，查 1932 年 4 月特務處成立之初，曾以賴雲山為譯電，此賴申或即賴雲山，惟賴雲山之生平亦不詳。[57]

　　余洒度、東方白、方超均係軍統元老，許某某或指許忠五，參加軍統亦甚早，惟此四人與聯絡組之關係皆乏史料可證。

　　張筱嵩，僅見於唐良雄及喬家才之名單，而喬家才的名單後出，有可能是引自唐良雄的說法。[58] 按張筱嵩不知何人，當係張曉崧之誤。張曉崧，字旭野，浙江溫嶺人，中央軍校政訓研究班出身，畢業後曾在浙江省保安處、陸軍第五十八師、第十集團軍副司令部、委員長侍從室服務，抗戰勝利後曾任上海市政府民政處處長。查張曉崧並非軍統中人，不知唐良雄此說有何根據。

　　劉恢先、裴西度亦不知何人，劉恢先或係曹恢先之誤。

　　綜上所述，通行的十四份「十人團」名單中，除去大量重複者，合計二十八人。其中黃雍、王天木、張炎元、趙世瑞、周偉龍、馬策、唐縱、鄭錫麟、胡天秋、徐亮十人可以確定是「十人團」的成員，惟黃雍中途退出；張冠夫曾參加聯絡組的工作，但可以確定他不是「十人團」的成員；陳恭澍、吳迺憲、曹恢先三人亦曾參加聯絡組的工

頁 30。

57　國防部情報局編，《國防部情報局史要彙編》，上冊，頁 13。

58　唐良雄原作「張筱嵩」，喬家才誤作「張筱高」。張霈芝又據喬家才說，稱「張筱高，字筱嵩」，不知何據，見張霈芝，《戴笠與抗戰》，頁 37。

作，但沒有證據顯示他們是「十人團」的成員；梁幹喬、劉培初、鄭介民、王兆槐、馬志超、胡國振六人雖是軍統元老，但可以確定沒有參加聯絡組的工作；余洒度、東方白、方超、張曉崧四人與聯絡組之關係，囿於史料不得而知；賴申、許某某、裴西度、劉恢先四人身分待考，賴申或係賴雲山，許某某或指許忠五，劉恢先或係曹恢先之誤。經過此番考證，雖有若干細節尚不易判明，但「十人團」的名單當可大定，不至於眾說紛紜了。

十人團部分成員照片

黃埔一期
黃雍

資料來源： 中國國民黨陸軍軍官學校編印，
《中國國民黨陸軍軍官學校第
一期同學錄》（1924）。筆者
翻攝。

黃埔二期
張炎元

資料來源： 編者不詳，「中國國民黨陸軍
軍官學校第二期同學錄」（出
版年不詳）。筆者翻攝。

黃埔四期
趙世瑞

資料來源： 中央軍事政治學校編印，《中
央軍事政治學校第四期同學錄》
（1926）。單補生先生藏。

黃埔四期
周偉龍

資料來源：中央軍事政治學校編印，《中央
軍事政治學校第四期同學錄》
（1926）。單補生先生藏。

黃埔四期
馬策

資料來源：中央軍事政治學校編印，《中央
軍事政治學校第四期同學錄》
（1926）。單補生先生藏。

黃埔六期
唐縱

資料來源：中央陸軍軍官學校編印，《中央
陸軍軍官學校第六期同學錄》
（1929）。筆者翻攝。

黃埔六期
鄭錫麟

資料來源：中央陸軍軍官學校編印，《中央
　　　　　陸軍軍官學校第六期同學錄》
　　　　　（1929）。筆者翻攝。

黃埔六期
胡天秋

資料來源：中央陸軍軍官學校編印，《中央
　　　　　陸軍軍官學校第六期同學錄》
　　　　　（1929）。筆者翻攝。

黃埔六期
徐亮

資料來源：《軍事委員會委員長侍從室檔案》，
　　　　　國史館 129-010000-3357。

8 戴笠何時出任力行社特務處處長

　　1932 年 3 月，蔣中正重新上臺，就任國民政府軍事委員會委員長兼參謀本部參謀總長，他鑑於國民黨的組織鬆弛渙散，遂以黃埔畢業生為骨幹，成立了一個意志統一、紀律森嚴、責任分明、行動敏捷而絕對效忠於他的國民黨祕密組織「三民主義力行社」，不久又成立「革命青年同志會」、「革命軍人同志會」以及「中華復興社」，作為力行社的外層組織。戴笠以黃埔六期學生，積極參加了力行社的籌備，在力行社成立後，他當選為幹事會候補幹事，他領導的聯絡組也奉命自 4 月 1 日起擴大改組為力行社特務處，由蔣中正任命他為處長。

　　此前戴笠雖是聯絡組長，領導了一個粗具雛形的小型特務組織，但當時蔣中正還是在野之身，所謂聯絡組亦只是一種工作名義，而非官方認可的正式單位。戴笠擔任特務處長後，情況就完全不同了，特務處雖然是一個祕密政治組織所轄的部門，但此一部門是在蔣中正的全力支持下建立和發展起來的，戴笠憑藉蔣中正的長期信任，得以招納人員，正式開展特種工作，此後他擔任特務處長以及改組後的軍統局負責人將近十四年，幾乎與蔣中正擔任軍事委員會委員長相始終。因此對戴笠而言，執掌特務處是其

一生事業最重要的轉捩點。

戴笠是何時被蔣中正任命為特務處長的？按戴笠本人最初的說法，是 1932 年 1 月 26 日，他曾在 1941 年的一次演講時說：

> 當九一八事變發生後，日本帝國主義者逞其兇焰，占我東北，領袖這時深深覺得我們革命的高潮有漸趨沒落的危險，非加強新的力量不可，於是便有民族復興運動的產生，我不過是當時的一個工作同志而已！二十一年一月二十三日，我在杭州忽然接到領袖的電報，要我馬上回京。二十六日晚上，領袖在中山陵園召見，說團體〤〤處要我負責，徵求我的意見。因為領袖對民族復興運動所抱的希望很大，所以對後進同志的期望也就很切。我當時報告領袖，說：「這件事我不能做，因為團體裡的人都是我的老大哥，以我這樣的後輩來負責這樣大的責任，決計做不好。」領袖考慮了一下，最後說：「還是你做好！只要有決心就行，其他不必顧慮！」在這種情形之下，我不能再辭，只有說：「是的！報告校長，你是我的校長，我是你的學生，你是我的領袖，我是你的部下，一個革命團體的細胞，當然是絕對聽命組織，聽命領袖。既然校長命令我做，我只有盡自己的能力來做！」[1]

1　戴笠，〈團體即是革命家庭〉（1941 年 4 月 1 日），《戴先生遺訓》，第 1 輯，頁 97-98。

戴笠還在 1943 年的一次演講中重複了這一說法：

記得民國二十一年元月二十六日，我接到領袖的電報，由杭州回到南京。下午八點鐘，領袖在召見。先是關係方面一共保舉了六個人，領袖認為只有我比較適宜，能夠做這個工作，要我擔負這個責任。我因為團體當中許多人都是我的老大哥，並且這種事情本身就不容易做好，當時就向領袖報告，說我不能做這個工作。領袖問：「為甚樣？」我就把這個意思說了。領袖說：「這不要緊，一切有我，不必顧慮，現在就是你有沒有決心的問題，只要有決心，事情一定可以做的！」在這種情形之下，我不能再辭，當時就說：「報告校長，就黃埔的關係講，你是校長，我是你的學生，就革命的關係講，你是領袖，我是你的部下。既然如此，我當然只有絕對服從命令，盡我自己的能力來做。」於是，不到一刻工夫，領袖就下了正式的命令，叫我組織××處，當時我向領袖表示：「從今天接受了命令之日起，我的這個頭就拿下來了。」領袖問我為什麼？我說：「這個工作做得好，頭一定要給敵人殺掉，做不好當然要給領袖殺。」這便是我當年受命的時候對這個工作的認識與決心，這種認識與決心，到現在想起來，還是十二年如一日。[2]

2　戴笠，〈我們的態度與決心〉（1943 年 8 月 30 日），《戴先生遺訓》，第 1 輯，頁 69。

然而戴笠在 1946 年演講時，又改 1 月 26 日為 2 月 26 日，他說：

> 民國二十一年二月二十六日下午八時在南京中山陵園，我接受領袖成立特務處的命令，領袖支持我，固然絕對要負責，但是次日上午有一位同志，現已出國，名字我不便說了，來要打倒我，他說關於特務處的人事經費，校長叫他負責。次日，我就報告領袖辭職，結果沒有准。[3]

在原始檔案闕如的情況下，戴笠的回憶本應具有較大的參考價值，然而他自己即有兩種不同說法，就使問題變得棘手了。因此相關著作述及這段歷史時，多會提及蔣中正復職後與戴笠之間的這次重要對話，並指出戴笠由此擔任特務處長，卻鮮少提及這次重要對話的時間。《國防部情報局史要彙編》根據戴笠 1946 年之演講，記載：「民國廿一（一九三二）年二月，戴先生奉命組織特務處。」卻未解釋採用此說的原因。[4]

軍統元老毛鍾新曾對《國防部情報局史要彙編》的記載提出質疑，他根據戴笠三次自述，指出 1 月 26 日較為可靠，理由是：「蔣公 1 月 21 日重返南京，百事待舉，

3　戴笠，〈犧牲的決心〉（1946 年 3 月 10 日），《戴先生遺訓》，第 1 輯，頁 110。

4　國防部情報局編，《國防部情報局史要彙編》，上冊，頁 13。

即電召進見，及笠處事迅速精神，兼杭州至南京之距離，應當日即達，如 23 日到，延至 26 日召見，稍欠合理。26 日當天到，晚上召見，應較可取。及所述 1 月 26 日晉見情形最詳盡。據此，受命創設特務處時間應為 21 年 1 月 26 日。」[5] 實則毛鍾新的考證全憑情理推斷，而未顧及史實。如以史實為根據，則 1 月 26 日和 2 月 26 日這兩種說法恐怕均不準確，蓋因力行社係於 2 月 29 日成立的，而蔣中正決定特務處長的人選又在力行社成立之後。

關於力行社的成立日期，一度有過爭議，及蔣中正日記公布後，查其 1932 年 2 月 29 日日記云：「上午到勵志社，力行社成立禮訓話一時餘。」[6] 由此即能確定力行社成立於 2 月 29 日。

關於特務處長的委任時間問題，則有力行社骨幹康澤、干國勳、滕傑等人的回憶可資參考。據康澤回憶，力行社成立一兩個星期後，戴笠被任命為特務處長：

在復興社成立，各處負責人均已派定，並分別開始工作一兩個星期以後，特務處的負責人仍是虛懸。有一天晚上，蔣介石召集大家談話，在開始前，蔣介石單獨叫我去說：「你來負特務處的責任怎樣？」我當時思想中把特務視為畏途，因此答覆說：「我的性情不

5　毛鍾書，〈戴笠傳（再修正稿）〉（1997 年 2 月），《忠義會訊》，第 10 期（1997.5），頁 23-24。

6　蔣中正日記，1932 年 2 月 29 日。

相宜。」蔣介石說：「好，那你還是負宣傳處的責任好了。」然後蔣介石到會議室和大家談話，蔣介石首先說：「特務處的負責人，我考慮了很久，我想以戴笠來做處長，鄭介民做副處長，你們覺得怎樣？」戴笠，黃埔六期，名義上一段時間做侍從副官，實際上是做祕密工作，先後受胡靖安和蔡勁軍的指揮。他在當時那一批人中，地位很低，但大家都知道他一下在這裡，一下又跑到那裡，是一個額頭上刻了字的「包打聽」。蔣介石提出他來做特務處的處長，大家雖然感到驚異，但都不好表示異議。[7]

康澤在另一篇回憶文字中的說法稍有不同，略謂力行社成立會結束當天，進行幹事選舉，當晚由社長蔣中正指定了常務幹事、常務監察及各處處長人選，特務處長未指定，直至3月下旬始由戴笠擔任：

選舉完畢以後，大會就閉幕了。……大會的選舉，大會的決定，還要經過社長的批准才能算數。因此這次（第一次大會）選舉的結果當天呈報社長批示，當晚他就批准了，並指定了：（1）常務幹事三人：賀衷寒、酆悌、滕傑，以滕傑為書記。（2）常務監察一人：田載龍。（3）各處處長：組織處處長周復，宣

---

7 潘家釗等編，《康澤與蔣介石父子》，頁35。此書為康澤被俘後，在改造過程中撰寫之回憶材料，原題〈我的再清算〉，完稿於1952年12月。

傳處處長康澤，訓練處處長桂永清。

特務處處長這時還空著，沒有指定人。直到 3 月下旬的一天晚上，蔣介石在他陵園別墅召集原來那十來個人開會。在他沒有出來開會以前，叫我和桂永清兩人到裡面房間去，對我說：「特務處的職務很重要，現在還沒有適當的人。他們對我說你很相宜，你擔任這個職務怎麼樣？」我事前一點不知道，沒有思想準備，感到很突然，因此我答覆：「不相宜，性情不相宜。」他沒有再說什麼，就叫我們出來了。他跟著出來開會，首先就宣布：「特務處長就是戴笠好了，鄭介民去做副處長，大家的意見怎麼樣？」領袖的話誰敢不同意？個個都忍耐著說：「同意。」其實大家都不大滿意戴笠……[8]

康澤對戴笠的「不大滿意」，可以由戴笠講詞中得到印證，查戴笠 1946 年講話時，自述擔任特務處長次日，「有一位同志，現已出國，名字我不便說了，來要打倒我」。喬家才謂此一反對戴笠之同志為康澤，毛鍾新則以為賀衷寒。[9] 查力行社內反對戴笠者甚多，而以康澤反對最烈，且查賀衷寒於抗戰勝利後擔任三民主義青年團中央組織處書記長，並未出國，康澤則因政治失意，奉派赴

8　康澤，〈復興社的緣起〉，《文史資料選輯》，第 37 輯（北京：中華書局，1963），頁 139。

9　喬家才，〈情報珍聞〉，《中外雜誌》，第 47 卷第 6 期（1989.12），頁 142；毛鍾書，〈戴笠傳（再修正稿）〉，頁 24。

歐洲考察。[10] 以賀衷寒、康澤在抗戰勝利後之行止與處境言，戴笠提及之同志當為康澤。康澤既因特務處長的人選問題與戴笠發生爭執，則他對此事發生的時間、經過想必印象深刻，因此 3 月下旬這個時間值得重視。

再據干國勳回憶，力行社成立次日，開全體幹部會議，研討組織分工及人選，決定由桂永清擔任特務處長，戴笠助理，此後「桂永清僅任職一周，因他籌辦軍校附設軍官幹部訓練班事繁，不能兼顧請辭，由書記滕傑轉報領袖，准予辭職，並以助理戴笠升任，同時任鄭介民為該處助理。」[11] 不過干國勳在此後的一篇文字中改稱，戴笠是在力行社成立一個多月後擔任特務處長的：

> 當力行社成立之始，所有其幹部二十餘人，以桂永清為領隊——因他留德剛回國——在南京中央軍校左側的炮標營房之一棟的二樓作教室，受了德國籍顧問某中校教授情報知識一個月，結業後於蔣先生按例召集力社幹部會報後說：……力行社除了設總務、組織、訓練、宣傳等處之外，也要設立一個特務處，辦理情報及特殊而不能以一般法律處理的肅奸肅反工作。他說明了上述力行社須建立一個特務處的意義後，便提名桂永清為處長，邱開基為助幹即副處長，徵求大家

10　潘嘉劍等編，《康澤與蔣介石父子》，頁 153。
11　干國勳，〈關於所謂復興社的真情實況（上）〉，《傳記文學》，第 35 卷第 3 期（1979.9），頁 37。

是否同意，當即無異議通過了。桂永清任此職一周後，因其所主持之軍校附設軍官訓練班……在當時實極重要，他不能兼任力行特務處長，請辭，力行社常幹會通過了，於是由書記滕傑向蔣先生報告，並請指派繼任人選。蔣先生說：「我看戴笠有特工天才，你們試用看看。」滕傑說：「領袖既提名戴笠同志，那就以他接任。」蔣先生還是說：「你們試用試用。」待滕傑向常幹會報告經過後，大家以戴笠同志在籌備期間忠勤情形，便通過了，這是戴笠將軍被任為力行社特務處長的經過。[12]

又據力行社第一任書記滕傑回憶，各處處長人選是力行社成立兩天後決定的，特務處長一職先由桂永清擔任，再由戴笠接任：

二十一年三月一日在南京勵志社總社舉行選舉會，選舉力行社幹事會幹事……

在選舉之後，領袖根據一月來的考察以及各人所寫文章的思想見解，配合在選舉會獲得的票數，經過兩天的審查考慮，才對力行社的常務幹事及各處負責人，作了初步決定，並於三月二日第一次幹事會中，將其考慮的名單提出會議，徵得了大家的同意……

12　干國勳，〈力行社與軍統局〉，《中外雜誌》，第 31 卷第 1 期（1982.1），頁 70。

特務處長初由常務幹事桂永清擔任，桂以非其所長，
辭不就任，由領袖提名候補幹事戴笠擔任，桂永清改
任軍事處長。[13]

滕傑還說，力行社成立之初，並未考慮由戴笠負責力
行社的日常工作，直至桂永清辭職後，蔣中正始多次向他
推薦戴笠：

進入民國二十一年初，領袖開始領導力行社的籌備工
作。自元月底到二月二十九日力行社正式創立為止，
這一個多月當中，領袖幾乎每天晚上都在南京中山陵
叢林中的一棟房子裡召開祕密會議，詳細聽取大家的
意見。每次開會，戴笠都負責會議事務性工作，也參
加座談，所以他成為四十多位發起人之一。但因為他
在領袖身邊工作，所以自始沒有考慮到請他來力行社
擔任實際的日常工作。

力行社成立之初，特務處長是由桂永清擔任的。他不
久辭職，領袖三次向我婉言推薦戴笠，才終於任命了
戴笠為特務處長。我原先對戴笠這個人沒有什麼認
識，領袖三次見到我，都說：「戴笠這個人可能適合

---

13 蔣京訪問紀錄、李雲漢校閱，《滕傑先生訪問紀錄》（臺北：近代中國出
版社，1993），頁 21-22。

　　這個職務，你不妨考慮考慮！」[14]

　　綜合康澤、干國勳、滕傑三人的回憶來看，他們敘述
的角度和細節雖有不同，但均指出戴笠是在力行社成立一
段時間後擔任特務處長的，由此可知戴笠所謂 1 月 26 日
或 2 月 26 日晉謁蔣中正並被委任一節，必是記憶有誤。

康澤

資料來源：中央陸軍軍官學校編印，《中
　　　　　央陸軍軍官學校政訓研究班同
　　　　　學錄》（1933）。于岳先生藏。

干國勳

資料來源：中央陸軍軍官學校編印，《中
　　　　　央陸軍軍官學校政訓研究班同
　　　　　學錄》（1933）。于岳先生藏。

14　勞政武編撰，《從抗日到反獨：滕傑口述歷史》（桃園：淨明文化中心，
　　2015），頁 127、142。

滕傑

資料來源： 中央陸軍軍官學校編印，《中
央陸軍軍官學校政訓研究班同
學錄》（1933）。于岳先生藏。

　　不過康澤和干國勳的不同說法引發了一個新的問題：
康澤稱戴笠擔任特務處長是在 3 月間；干國勳則稱力行社
成立一個月後始設立特務處，且由桂永清先任處長一星
期，照此說法，戴笠接任特務處長已是 4 月上旬了。眾所
周知，軍統特務組織以 4 月 1 日為成立紀念日，康澤和干
國勳的不同說法，不僅關乎戴笠任職的時間問題，還牽涉
到桂永清在軍統官方歷史敘述中的地位問題，質言之，如
果戴笠是 3 月就任的，則桂永清短暫擔任處長的經歷並未
得到認可，如果戴笠是 4 月上旬就任的，則說明桂永清首
任處長的地位是被承認的。

　　這一疑問，可由三種關鍵史料中找到答案：一是唐縱
日記，其 1932 年 3 月 24 日日記云：「戴笠來電『可即
回京』。」4 月 1 日日記云：「戴笠要我在京做書記的事
務。我本來打算辭職，見他這麼推重，我已允許這機械

的生活了。」[15] 按唐縱擔任聯絡組組員時，被派赴南昌活動，他於 3 月 24 日接到戴笠令其回京之電，很有可能是戴笠已被蔣中正委任為特務處長，遂邀其回京，籌備特務處的工作。且唐縱於 4 月 1 日已被戴笠委任為特務處之書記，說明此時戴笠必已是特務處長了。二是戴笠於 1940 年 3 月 29 日亦即軍統成立八周年前夕呈給蔣中正的一件報告，內云：「竊自二十一年三月奉命設立特務處，於四月一日呈報成立，並開始工作以來，迄今已屆八周年矣。」[16] 三是毛人鳳曾追述：「我們的工作創造人戴先生是在民國十五年參加黃埔軍校受訓的，畢業之後，他追隨在我們的領袖左右，從事情報調查工作，在這個時候他是一個人在奮鬥，沒有組織，到民國廿一年三月奉到領袖的命令，來創造我們的工作，在同年四月一日，開始作了組織的活動。」[17] 據此，戴笠當係 1932 年 3 月被委任為特務處長，桂永清則未能在軍統官方歷史中占有一席之地，當無疑義。

15　公安部檔案館編註，《在蔣介石身邊八年——侍從室高級幕僚唐縱日記》，頁 30-31。

16　〈戴笠呈蔣中正報告〉（1940 年 3 月 29 日），《蔣中正總統文物》，國史館 002-080102-00035-002。

17　毛人鳳，〈踏著先烈的血跡，大踏步地前進，報效國家、領袖，完成革命第三任務〉，《健行月刊》，第 3 期（1957.10），頁 8。

9　國民政府軍事委員會調查統計局前身──情報局之研究

1932 年 3 月蔣中正就任國民政府軍事委員會委員長兼參謀本部參謀總長後，為統一指揮中國國民黨中央組織委員會調查科及力行社特務處等情報組織，提高情報工作效能，於同年 9 月成立情報局。情報局對外高度保密，1935年 4 月改稱軍事委員會調查統計局，存在時間僅兩年七個月，遺留至今的原始檔案極為有限，且因事涉隱祕，瞭解其內情者極少，而相關人士常以「軍事委員會調查統計局」代稱情報局，愈使其歷史不為人知。

過去由於史料缺乏，無論通史著作，或是研究特務史的專書，幾乎眾口一詞，謂 1932 年 9 月成立軍事委員會調查統計局，中國國民黨中央調查科及力行社特務處分別隸屬該局為第一、第二處，實則 1932 年 9 月成立者為情報局，遍檢 1935 年以前之原始文獻，並無隻字提及「軍事委員會調查統計局」者，而調查科與特務處也並非自始即與該局為隸屬關係。近年來，隨著蔣中正檔案及軍情局檔案的公布，有關情報局的歷史真相逐漸浮出水面，日本學者岩谷將、臺灣學者范育誠均曾就國民政府情報組織的發展演變撰寫相關論文，但因側重點不同，對情報

局的歷史尚未進行全面而深入的考察。[1]

　　筆者鑑於情報局這一重要機構的來龍去脈亟待釐清，擬根據國史館所藏原始檔案，並參考重要當事人之回憶史料，對其成立經過、人事更迭、組織沿革、工作概況以及派系糾紛等情形進行初步研究，並梳理不同文獻對於情報局歷史的敘述脈絡，以說明相關歷史湮沒不彰的原因。

一、情報局的成立經過

　　1931 年 12 月，蔣中正因寧粵分裂以及九一八事變的內憂外患，被迫下野。他於辭職返鄉後，曾自省此次政爭失敗之原因，在於「不能自主」，且「無幹部、無組織、無情報」，以致「陷於內外挾攻之境」，故「此後如欲成功，非重起爐灶，根本解決，不足以言革命也。」[2] 當他於 1932 年 1 月重新上臺後，即在所屬幹部及黨外知識分子中留意選拔政治、經濟、外交、教育、軍事、黨務等方面的人才，以解決「無幹部」的問題，同時成立了一個以黃埔學生為骨幹且絕對效忠於他的祕密組織「三民主義力行社」，以改變「無組織」的現狀，[3] 而針對「無情

1　岩谷將，〈蔣中正、共產黨、日本軍——二十世紀前半葉中國國民黨情報組織的成立與展開〉，黃自進、潘光哲主編，《蔣介石與現代中國的形塑》，第 2 冊（臺北：中央研究院近代史研究所，2013），頁 13；范育誠，〈國民政府情報組織的誕生與分化（1928-1938）〉，《薪傳：劉維開教授榮退論文集》（新北：詰閣人文工作室，2020），頁 103-104。

2　蔣中正日記，1932 年 1 月 8 日。

3　金以林，〈蔣介石的 1932 年〉，汪朝光主編，《蔣介石的人際網絡》（北京：社會科學文獻出版社，2011），頁 210-211。

報」的窘況，他決定成立「情報局」。

　　情報局由醞釀到成立，經歷了大概半年時間。先是蔣
中正返回南京後，即有組織偵探隊的設想，其 2 月 17 日
日記云：「組織政黨，澈底政策，必先組織偵探隊，防止
內部叛亂，制裁一切反動，監督黨員腐化，宣傳領袖主
張，強制社會執行，此偵探隊之任務，而偵探隊之訓練與
組織、指揮、運用則須別訂也。」[4] 蔣之祕書孫詒解釋此
條日記稱：「公之特別重視偵探隊自此始。夫偵探者，揭
發陰私，窺察祕密，乃其本務。」[5]

　　3 月 18 日，蔣中正就任軍事委員會委員長兼參謀本
部參謀總長，重掌大權。此後一段時間，他對情報與特工
的興趣愈發濃厚，其日記中有多處研究情報學及特務組織
的記錄：4 月 3 日，「《國際情報學》非速看不可也。」
4 月 9 日，「各地特務組織亦有研究。」4 月 21 日，「定
情報課程」，「定情報組織法」，「看《各國情報活動之
內幕》，閱之手難釋卷，甚恨看之不早」。4 月 22 日，
「窮一日之力，將《各國情報之內幕》看完，為近今最愛
最要之書，此為董顯光先生所訂，從政者非知此不可也，
得益非淺。」4 月 25 日，「五時起床，看《情報學》。」[6]

　　當時蔣中正掌握的主要情報單位有三個：參謀本部第

4　蔣中正日記，1932 年 2 月 17 日。

5　孫詒，《復興贅筆：蔣介石事略稿本補遺》（臺北：民國歷史文化學社，
　　2020），頁 170-171。

6　蔣中正日記，1932 年 4 月 3 日、9 日、21 日、22 日、25 日。

二廳、中國國民黨中央調查科及力行社特務處。參謀本部
直隸於國民政府，掌理國防及用兵事宜，下設四廳，其
中第二廳負責諜報、調查工作。[7] 調查科隸屬於國民黨中
央組織委員會，其工作「側重於中共地下組織活動的偵察
與防制及其黨徒的策反與制裁」。[8] 特務處隸屬力行社，
其工作內容及任務是：「秉承幹事會之意旨、社長之命
令，以嚴密之計畫、嚴厲之手段，辦理一切偵察及執行
事宜」，簡言之，即針對國內外一切反蔣勢力進行特務
活動。[9]

參謀本部第二廳是國民政府最高軍事情報機關，國民
黨中央調查科、力行社特務處則是中統、軍統兩大特務
組織的前身，然而這三個重要單位在當時均有其自身的
局限，並不能因應九一八事變後國民政府面臨的內憂外
患。參謀本部暮氣沉沉，人員作風懶散，不能主動推進
工作，蔣中正曾於 4 月 18 日赴該部各廳巡查，記曰：「觀
其人員與情形，乃為一養老院、養病院，直可謂之養懶
院，豈軍事唯一首腦機關之參謀本部哉？言之可恨！思之
可痛！嗚呼！如此軍謀，何以抗日！」[10] 國民黨中央調查

7　陳長河，〈國民黨政府參謀本部組織沿革概述〉，《歷史檔案》，1988 年
　　第 1 期，頁 110。

8　王禹廷，〈中國調統機構之創始及其經過——專訪中國調統機構創始人陳
　　立夫先生〉，《傳記文學》，第 60 卷第 6 期 (1992.6)，頁 32。

9　〈特務處組織大綱〉，《國防部軍事情報局檔案》，國史館 148-010200-
　　0007。

10　吳淑鳳編註，《蔣中正總統檔案—事略稿本》，第 14 冊（臺北：國史館，
　　2006），頁 93。

科專注於對付中共，對其他反蔣派的情報活動則用力較少，對蔣中正急於開展的抗日工作更是缺乏經驗。力行社特務處則因成立不久，尚處在招兵買馬、組訓幹部階段，短時間內也難以擔任艱巨。蔣中正由此感慨道：「情報組織與人員皆無進步，焦急之至。」[11]

在這種情勢下，蔣中正一面根據國防情勢的急劇變化，對參謀本部原有組織斟酌變更，在第二廳下設六處，分掌國內外情報、參謀教育及戰史編纂等事宜。[12] 一面決定召集特務及軍警幹部成立新的情報機構，使情報工作儘快建立規模，他曾於 4 月 13 日考慮新情報組織之人事，「以徐恩曾、陳希曾、戴笠、鄭介民、竺鳴濤為幹部，蔡勁軍亦可入選。」[13] 上述諸人中，徐恩曾時任國民黨中央調查科主任，陳希曾曾任上海市公安局長，戴笠、鄭介民時任力行社特務處正、副處長，竺鳴濤時任浙江保安處處長，蔡勁軍則長期為蔣中正從事情報活動，這些人均係現任或前任特務、軍警單位的負責人。由此可見，蔣中正正在醞釀的新組織是一個級別甚高的情報機構，現有軍警、特務單位負責人只可作為這一機構的幹部，而非領袖之才。此一時期，蔣中正不斷感慨：「期得一人為情報領袖，與之商決情報組織，總未得其人也」，「情報精巧與

11　蔣中正日記，1932 年 4 月 26 日。

12　〈蔣中正呈國民政府〉（1932 年 6 月 27 日），《國民政府檔案》，國史館 001-012071-00119-003；陳長河，〈國民黨政府參謀本部組織沿革概述〉，頁 110。

13　蔣中正日記，1932 年 4 月 13 日。

重要實為治國惟一之要件，但選人甚難，夢寐求之，未易得也。以後以情報機關組織法與情報網之組織最為重要，當精思之。」[14]

5 月 14 日，蔣中正考慮軍事計畫，有「國防則以設計局與情報局為先務」之語，是為情報局這一名詞出現的最早紀錄。[15] 5 月 24 日，國民政府特派蔣中正為豫鄂皖三省剿匪總司令，蔣中正隨即於 6 月 28 日在漢口設立總司令部，忙於籌畫剿共事宜，組織情報局之事乃暫時擱置。[16] 至 8 月下旬，蔣中正開始重新考慮此事，於 22 日、23 日電召前調查科主任陳立夫、參謀本部第二廳副廳長陳焯以及特務處方面的戴笠、鄭介民、梁幹喬、余洒度等人來漢密談情報組織事宜。[17] 經過這番密談，蔣中正基本確定了情報局的人事及職掌，遂於 8 月 31 日手諭參謀本部第二廳廳長林蔚，告以總司令部將成立總情報局，令其代理局長主持其事：

蔚文吾兄勛鑒：

總部設立總情報局，下分三處一室，以朱紹良為局長，林蔚為副局長兼第一處（情報處）長，陳焯為

14　蔣中正日記，1932 年 4 月 19 日、4 月 21 日。

15　吳淑鳳編註，《蔣中正總統檔案—事略稿本》，第 14 冊，頁 287。

16　吳淑鳳編註，《蔣中正總統檔案—事略稿本》，第 14 冊，頁 481。

17　〈蔣中正電滕傑〉（1932 年 8 月 22 日），《蔣中正總統文物》，國史館 002-010200-00070-082；王正華編註，《蔣中正總統檔案—事略稿本》，第 16 冊（臺北：國史館，2007），頁 196、203。陳焯之任職情況，參見〈陳焯〉，《軍事委員會委員長侍從室檔案》，國史館 129-210000-1442。

第一處副處長；劉健羣為第二處（訓練處）長，戴笠
為副處長；徐恩曾為第三處（總務處）長，段劍岷
（暫緩發表）為副處長；又化學室主任委顧順章。朱
局長未在京時，請兄代理局長主持之。此項任務為今
日革命惟一重要工作，而尤以情報處接收審察情報虛
實、批示懲獎為尤要，而其惟一要素乃為承上啟下。
時間之迅速靈敏與辦事組織之緊張切實，固在於各處
主持者專心一志、嚴厲監察與切實指導，以求進步。
務望兄等悉心進行，期收實效。至於組織辦法以及其
餘人選，請與各處長副等妥商，並望於十日內開始工
作也。經費幾何，核算後電告可也。

中正，八月卅一日 [18]

此為迄今所見關於情報局成立的唯一原始檔案，對情
報局的人事安排以及辦事原則均有詳細說明，足可糾正若
干影響頗廣的錯誤記載。如過去一般認為，1932 年 9 月，
國民政府軍事委員會成立調查統計局，國民黨中央調查科
隸屬該局為第一處，力行社特務處隸屬該局為第二處。據
此函可知，當時成立的機構名稱為情報局，而非調查統
計局，[19] 且調查科與特務處並非自始即隸屬該局，而是

18 〈蔣中正電林蔚〉（1932 年 8 月 31 日），《蔣中正總統文物》，國史館
002-010200-00070-101。

19 查 1936 年 2 月徐恩曾呈蔣中正報告，內有「調查統計局於二十四年四月正
式成立開始辦公後，曾編製經費預算，並蒙核准每月撥發二萬伍仟圓，計
先後領到四五六三個月經費共七萬伍仟圓，並奉批准調查統計局經費仍在
原有經職以情報局名義具領經費內撥支，將所領款項存儲作開展事業之用」

僅由負責人徐恩曾、戴笠兼任該局總務處長與訓練處副處長。[20]

人事安排方面，情報局高級負責人來自軍事情報單位、國民黨中央調查科、力行社特務處及軍事政訓單位四個系統。軍事情報單位系統有朱紹良、林蔚、陳焯三人：朱紹良時任豫鄂皖三省剿匪總司令部總參議，一度是蔣中正心目中的參謀本部二廳廳長人選；[21] 林蔚、陳焯時任參謀本部二廳正、副廳長，對軍事情報工作亦有相當經驗。調查科系統有徐恩曾、段劍岷、顧順章三人：徐恩曾時任調查科主任；顧順章在該科擔任訓練工作；段劍岷亦為該科工作人員，曾任河南黨務特派員。特務處系統為戴笠。政訓系統為劉健群，劉健群時任軍事委員會政訓處處長兼中央軍校政訓研究班主任，他的加入，當與蔣中正要求特務組織「宣傳領袖主張，強制社會執行」的設想有關。

辦事原則方面，情報局係以第一處亦即情報處為核心部門，該處以接收情報、「審查情報虛實」及「批示獎懲」為工作重心。從情報處正、副處長由參謀本部二廳

等語，《國民政府檔案》，國史館 001-023330-00011-009。再查特務處工作人員李邦勳回憶云：「1935 年，蔣介石把情報局改稱為軍事委員會調查統計局。」可知此時之情報局即日後之軍事委員會調查統計局，見李邦勳，〈情報局和中統軍統前身的錯綜隸屬關係〉，《文史資料存稿選編》，第 13 冊（北京：中國文史出版社，2002），頁 23。

20 力行社骨幹鄧文儀曾在一篇回憶文字中，提出與通行著作不同的說法，略謂特務處成立半年後，「戴雨農兼任了國民政府軍事委員會調查統計局第二處副處長」。鄧文儀雖未提及情報局之名義，但明確指出戴笠當時是副處長，這一記載與流俗之說迥然不同，在某種程度上佐證了特務處並非自始即隸屬情報局為第二處，頗為難得，見鄧文儀，〈我的同志好友戴笠（一）〉，《中外雜誌》，第 19 卷第 5 期（1976.5），頁 37。

21 蔣中正日記，1932 年 4 月 19 日。

正、副廳長兼任來看，情報處接收、審查情報及獎懲的對象有可能包括二廳所轄各處。此外，調查科與特務處這兩個特務組織也須將所獲情報交付情報處審查，蔣中正曾於 9 月 5 日致電林蔚指示：「總務處以及此外如戴笠等所得情報，亦皆交第一處收轉，並由總局正、副局長隨時考核，以求進步。每星期至少須有二次以上召集各處長、副討論過去及現在、將來工作之缺點與批評為要。」[22] 事實上，情報局成立後不久，其權限已不限於接收、審查情報及批示獎懲，蔣中正曾於 9 月 19 日致電林蔚轉令徐恩曾、戴笠詳報德州至臨城一帶布置情形並全力活動，這說明情報局對調查科與特務處有指揮之權，已儼然成為兩大特務組織的上級機關。[23]

由情報局的人事安排及辦事原則可知，蔣中正成立該局的初衷，在於集中力量、統一領導情報工作，接收、審查參謀本部二廳、國民黨中央調查科及力行社特務處等情報單位搜集的情報資料，並考核其品質之優劣，據以獎懲，以發揮「承上啟下」的作用。[24]

---

22 〈蔣中正電林蔚〉（1932 年 9 月 5 日），《蔣中正總統文物》，國史館 002-010200-00071-006。徐恩曾兼任情報局總務處長，此電所謂總務處之情報即指調查科所獲情報。

23 〈蔣中正電林蔚〉（1932 年 9 月 19 日），《蔣中正總統文物》，國史館 002-010200-00071-037。

24 王思誠，《瞻園憶舊》（臺北：展望與探索雜誌社，2003），頁 36-37。

二、情報局的人事更迭與組織沿革

　　情報局正式成立並開始工作後，其組織人事情形曾發生較大變化，囿於史料不足，此種變化過程尚難深入探析。茲據蔣中正與該局人員往來函電中透露的隻言片語，簡要勾勒該局隸屬關係之爭議、局長人選之更迭及內部組織之沿革情形。

1. 情報局的隸屬關係

　　按蔣中正之指示，情報局隸屬「總部」，亦即豫鄂皖三省剿匪總司令部，該總部直屬國民政府，與軍事委員會為平行機關。[25] 但就現存檔案來看，情報局相關人員從未提及該局上級機關為總部，行文中亦從無「豫鄂皖三省剿匪總司令部情報局」或「總部情報局」之類字樣出現，且總部收支報告表中也沒有發給情報局之款項紀錄。[26] 又情報局改稱軍事委員會調查統計局後，徐恩曾呈蔣中正報告中有「調查統計局經費仍在原有經職以情報局名義具領經費內撥支」等語，[27] 詳味其意，似乎指出當初情報局雖然存在，但並未成為任何機關的建制單位，僅在申領

25　錢端升等著，《民國政制史》，上冊（上海：商務印書館，1946），頁288。

26　〈豫鄂皖三省剿匪總司令部經理處二十四年一月分收支報告表及出納計算書〉（1935年3月5日），《國民政府檔案》，國史館 001-023330-00001-002。

27　〈徐恩曾呈蔣中正報告〉（1936年2月），《國民政府檔案》，國史館 001-023330-00011-009。

款項時才會出現該局名義。凡此均足使人懷疑情報局與總部的隸屬關係。

此外有人認為情報局的上級機關是軍事委員會，此一說法自有其根據：如情報局辦公處所並不設於總部所在地武漢，而設於軍委會所在地南京；[28] 再如情報局處置所獲情報，係以軍委會辦公廳名義令行相關上級政府進行查覆；[29] 又如情報局於 1935 年 4 月改稱調查統計局後，其上級機關即為軍委會。然而上述事實究屬間接記載，並不能證明情報局的隸屬情形。與此相反的是，1935 年 4 月調查統計局成立後，局長陳立夫、副局長陳焯曾致電蔣中正請示將各省軍政機關管理之郵電檢查工作劃歸該局辦理，電文中有「調查統計局既為採訪情報、制裁反動之正式機關，而在軍事委員會之地位亦經確定」等語，由此可知，在調查統計局成立以前，情報局在軍委會之地位尚未確定。[30]

總之，情報局是否隸屬豫鄂皖三省剿匪總部固然值得懷疑，惟該局究竟隸屬何種機關，甚至有無隸屬機關，仍有待於相關史料的發掘。

28 李邦勳，〈情報局和中統軍統前身的錯綜隸屬關係〉，頁 22。

29 〈戴笠呈蔣中正報告〉（1933 年 7 月 7 日），《國防部軍事情報局檔案》，國史館 148-010200-0007；情報局三月中旬情報處置報告表（1935 年 3 月 22 日），《國民政府檔案》，國史館 001-050000-00019-004。

30 〈陳立夫、陳焯電蔣中正〉（1935 年 8 月 12 日），《國民政府檔案》，國史館 001-050000-00011-001。

2. 情報局的局長人選

　　局長人選方面，蔣中正最初擬以豫鄂皖三省剿匪總司令部總參議朱紹良兼任局長，惟朱紹良軍務倥傯，根本無暇參與情報局的運作，蔣中正遂以軍事委員會辦公廳副主任兼參謀本部二廳廳長林蔚代理局長。事實上，林蔚事繁任重之程度並不亞於朱紹良，而情報局草創伊始，非投入大量精力不可，因此林蔚在情報局成立之初，即向蔣中正表示不適宜擔任此職，蔣中正則以其主持二廳、具有情報工作經驗，堅持讓其負責，「不可推託」。[31] 然而不久之後，林蔚因須專負軍事委員會辦公廳之責，不再兼任二廳工作。[32] 林蔚既與情報業務脫節，自然不宜繼續擔任情報局負責人。於是蔣中正決定改任陳立夫，他於 1933 年 2 月 1 日電告林蔚：「關於情報局正、副主任事，准照中正在京時手條，由立夫任副主任，代理局主任速接事，以免延誤。」[33]

　　陳立夫為中國國民黨特務組織創始人，熟悉情報業務，尤其值得注意的是，陳立夫雖然只在 1928 年短暫擔任過中央調查科主任，但因「此一工作是新創的」，「不能完全不管」，當他離開調查科後，仍是調查科的實際負

31　〈蔣中正函林蔚〉（1932 年 9 月 5 日），《蔣中正總統文物》，國史館 002-010200-00071-006。

32　參謀本部二廳之人事遞嬗情形，參見該部任免官員名冊，《國民政府檔案》，國史館 001-032142-00002-001；國民政府文官處印鑄局編印，《國民政府公報》，洛字第 21 號，頁 62。

33　〈蔣中正電林蔚、陳立夫〉，《蔣中正總統文物》，國史館 002-010200-00076-010。

責人，調查科「從小到大的各種活動，都是在他的指導下進行的」。[34] 因此，蔣中正早在 1932 年 4 月籌畫成立情報局之初，即與陳立夫多次商談過相關事宜。[35] 同年 8 月情報局成立前夕，蔣中正又召陳立夫到武漢密談。[36] 就能力、經驗與資望而言，陳立夫確是接任此職的合適人選，但他在當時正擔任國民黨中央組織委員會主任委員，「辦理黨務，日夜工作猶無補」，而情報局關係重大，非有人專力主持不可，因於 2 月 3 日向蔣中正表示難以勝任。蔣中正則堅持此一任命，電令陳立夫「切實負責接辦，萬勿推諉。」[37] 陳立夫代理情報局主任後，林蔚逐漸淡出。[38] 至遲在同年 9 月間，陳立夫已正式接任情報局長。[39]

3. 情報局的組織沿革

　　起初，蔣中正擬在情報局內以職能劃分各處室，其工作重心無疑是第一處亦即情報處，訓練處、總務處、化學

34　陳立夫，《成敗之鑑》（臺北：正中書局，1994），頁 106；陶蔚然，〈中統概況〉，《文史資料存稿選編》，第 13 冊，頁 1。

35　蔣中正日記，1932 年 4 月 20 日、4 月 24 日。

36　王正華編註，《蔣中正總統檔案—事略稿本》，第 16 冊，頁 196。

37　〈陳立夫電蔣中正〉（1933 年 2 月 3 日），《蔣中正總統文物》，國史館 002-070100-00030-044；高明芳編註，《蔣中正總統檔案—事略稿本》，第 18 冊（臺北：國史館，2005），頁 306-307。

38　林蔚於 1933 年下半年奉命修改〈特務處考績獎懲條例〉，是其參與情報局事務的最晚紀錄，見《蔣中正總統文物》，國史館 002-080102-00034-002。

39　陳立夫於 1933 年 9 月 13 日致電蔣中正，請示發給戴笠經費事，內有「戴笠同志在林蔚文兄任內，批准每月向情報局領支浙江省警官學校附設乙丙兩種特警訓練班經費」等語，可知此時林蔚當已正式卸任，由陳立夫繼任情報局長。見《蔣中正總統文物》，國史館 002-080200-00121-005。

室當係居於輔助地位。且就人事安排來看，參謀本部二廳在情報局的業務中係居於主導地位，國民黨中央調查科與力行社特務處在局內的作用並不突出。但當林蔚逐漸淡出情報局事務後，參謀本部二廳與該局脫離關係，該局工作重心勢必要轉移至調查科及特務處方面，因此情報局對內部組織進行了調整，以調查科隸屬該局為第一處，特務處隸屬該局為第二處，由徐恩曾、戴笠分任處長。[40]

這次調整的關鍵在於，調查科、特務處在形式上隸屬情報局的同時，仍分別隸屬於國民黨中央組織委員會及力行社幹事會，繼續以原有名義開展工作，情報局一、二兩處僅作為其掩護工作、申領經費的機關。至此，情報局一、二兩處不再是專負情報與訓練之責的職能部門，而轉化為兩個組織健全且具有高度獨立性的特務部門。此外，調整後第三處的基本情況尚乏原始檔案可證，惟1935年後軍事委員會調查統計局之第三處係掌理統計、登記、編纂及不屬他處事宜，似可作為情報局第三處職掌之參考。[41]

調查科與特務處隸屬情報局的時間，歷來眾說紛紜。據軍統出版品記載，這種組織形式在1932年9月情報局成立之初即已確立，去臺軍統、中統舊人多援引此說，留在大陸的軍統、中統舊人則有1932年、1933年、1934

年、1935 年等不同說法。由於缺乏直接證據，筆者擬根據若干間接記載略窺此一變化的蛛絲馬跡。

　　查 1932 年 9 月 26 日林蔚致蔣中正電，內稱「據第三處轉據馬紹武報告，謂在二十三日上午破獲共黨軍委李必剛等」云云。按馬紹武即史濟美，為調查科工作人員。據此，當 1932 年 9 月底，徐恩曾仍任第三處亦即總務處長，與蔣中正最初之擬議並無區別，這說明調查科與特務處並非自始即隸屬情報局。[42]

　　再查陳立夫負責情報局後，曾與徐恩曾重新制定該局預算，確定自 1933 年 3 月起，每月經費七萬元，其中包括調查科與特務處在京滬等處行動經費、各地機關經費、電臺經費、交通經費、杭州特務警察訓練班經費以及戴笠之特別費。此外，原由軍需署發給戴笠之經費 24,560 元亦改由情報局具領轉發。[43] 這標誌著特務處與情報局關係的日趨緊密，特務處隸屬情報局極有可能就在此時。

　　另有三條值得重視的憶述史料。一是中統元老王思誠回憶，他於 1933 年 2、3 月間自武漢回南京調查科任職時，調查科主任徐恩曾正好開始兼任「軍事委員會調查統計局」第一處處長，遂決定將調查科作為對外辦公機構，而將該科祕密機關「正元實業社」與第一處合併為「特工

42　〈林蔚電蔣中正〉（1932 年 9 月 26 日），《蔣中正總統文物》，國史館 002-080200-00057-060。

43　〈徐恩曾電蔣中正〉（1933 年 7 月 29 日），《蔣中正總統文物》，國史館 002-080200-00110-067。

總部」，作為內部祕密機構。[44]

　　二是軍統元老王孔安回憶：「二十二年春節，我同徐為彬兄到雞鵝巷戴公館給戴老太太拜年，恰巧與梁幹喬兄及乃建兄相遇，戴先生留我們午餐，閒話間，戴先生忽然說：『最近我們可能有個公開名義（軍委會調統局第二處），今後乃建兄的擔子更要加重了……』」[45] 王思誠、王孔安分別是調查科、特務處成立初期最受徐恩曾、戴笠倚重的幹部，他們對兩個機構內情的瞭解遠非一般工作人員可比，他們雖然錯稱情報局為「軍事委員會調查統計局」，但對調查科與特務處隸屬該局時間的看法卻出奇地一致。

　　三是軍統舊人李邦勳回憶：「蔣介石看到徐恩曾和戴笠分別各掌握一個特務組織，互相磨擦，不能協作共事，分散了特務的力量，不利於他的反動統治，而陳立夫更忌戴笠深得蔣的信任，羽翼日益豐滿，就力圖把戴笠置於自己的掌握之中，以便加以控制。於是約在 1933 年間，蔣介石就成立了一個統一的特務機關——情報局，以陳立夫為局長。」[46] 李邦勳的回憶文字風格嚴謹，少有舛午，但他卻誤記情報局成立於 1933 年，且只知該局局長為陳立夫，而不知林蔚，其故安在？其實這恰恰能夠說明特務

44　王思誠，《曠世風雷一夢痕》（臺北：立華出版，1995），頁 115-116。

45　王孔安，〈魂兮千古〉，《唐乃建先生紀念集》（臺南：唐乃建先生紀念集編輯小組，1982），頁 252-253。

46　李邦勳，〈情報局和中統、軍統前身的錯綜隸屬關係〉，頁 22。

處是在陳立夫出任局長後亦即 1933 年 2、3 月間隸屬情
報局的，故而李邦勳有此與眾不同的特殊印象。

　　調查科、特務處分別隸屬情報局為一、二兩處後，此
後直至情報局改稱軍事委員會調查統計局，這種隸屬關係
未再變化。關於此點，有兩條關鍵史料可證。

　　一是情報局於 1935 年 3 月編製的該月中旬情報處置
報告表，其中分列第一處、第二處呈送之情報及處置辦
法，據此，一、二兩處顯係各自獨立的情報部門。[47] 二
是徐恩曾呈給蔣中正的「軍事委員會調查統計局二十四年
各月分經費收支計算書」中顯示，1935 年 1 月情報局發
給第一處的經費包括處本部經費、各地補助費、行動區經
費、情報區經費、電訊交通費、訓練經費、事業經費等
項，第二處經費包括第二處經常費、戴笠經領經費、戴笠
經領調查費、戴笠特別費、杭乙班經費、杭丙班經費等
項。[48] 此外，2、3 月經費支出情況亦與 1 月略同。在這
裡可以清楚地看出來，第一處所領經費項目已經包括一個
特務組織維持運轉的各項基本費用，其中「行動區」一
項更是調查科獨有的單位；[49] 第二處經費則幾乎全由戴
笠經領，其中杭乙班、杭丙班專指特務處設在浙江警官學

47　〈情報局三月中旬情報處置報告表〉（1935 年 3 月 22 日），《國民政府
　　檔案》，國史館 001-050000-00019-004。

48　〈軍事委員會調查統計局各月分經費收支計算書〉，《國民政府檔案》，
　　國史館 001-023330-00011-009。此件為 1936 年 2 月徐恩曾呈蔣中正之報告，
　　此時調查統計局已正式成立，徐恩曾為行文便利，故對 1935 年 4 月以前情
　　報局之部分亦徑稱軍事委員會調查統計局。

49　張文，〈中統二十年〉，《中統內幕》（南京：江蘇古籍出版社，
　　1987），頁 15。

校的特務警察訓練班，可知此時的第一、二兩處即為調查科、特務處。[50]

1935 年 2 月，豫鄂皖三省剿匪總司令部撤消，情報局隸屬機關不復存在。3 月中旬，蔣中正決定將情報局改隸軍事委員會，改稱調查統計局，並與軍事委員會辦公廳主任朱培德商定，仍以陳立夫為該局局長人選。[51] 不久，陳立夫奉到軍事委員會祕訓字第 1497 號訓令：「茲任命陳立夫為本會調查統計局局長，陳焯為本會調查統計局副局長。」隨即積極籌備，暫設局址於南京四條巷菲園，於 4 月 1 日開始辦公，其內部組織一切照舊，各項開支亦照常在原有情報局項下撥發。5 月 4 日，國民政府明令發表陳立夫、陳焯之人事任命。[52] 至此，情報局這一名詞正式走入歷史，取而代之的「調查統計局」因係半公開政府機關，遂逐漸為人所知。

三、情報局的運作方式

1932 年 9 月 19 日，蔣中正電令林蔚轉令徐恩曾、戴笠派員在山東全力活動，[53] 偵查山東省政府主席韓復榘

---

50 國防部情報局編，《國防部情報局史要彙編》，中冊，頁 16-19。

51 〈朱培德電蔣中正〉（1935 年 3 月 19 日），原電未見，其節略見於軍事委員會各廳組處室去電登記簿，《蔣中正總統文物》，國史館 002-110601-00004-003。

52 國民政府文官處印鑄局編印，《國民政府公報》，第 1733 號，頁 6。

53 〈蔣中正電林蔚〉（1932 年 9 月 19 日），《蔣中正總統文物》，國史館 002-010200-00071-037。

與第二十一師師長劉珍年武裝衝突情形,顯示至遲在 9 月中旬,情報局已正式開始工作。惟此後三個月間,情報局或因組織人事未定、工作方法未熟之故,除向調查科與特務處轉達蔣中正之諭示外,並未開展情報之接收、審查工作,調查科與特務處亦仍循舊例,將各自搜集之情報逕呈蔣中正批核。

這一時期,特務處搜集的若干情報仍然品質不佳。10 月 20 日,戴笠呈報新國民黨在天津之活動情形,其內容不合事實,遭蔣中正復電申斥:「此電調查員何人,不確之至,應記過」。[54] 11 月 23 日,蔣中正電告林蔚、戴笠:「以後對於報告者須警戒」,必須「各方內容實情確能證明,方得呈報」,「否則應照懲罰條例處罰,該處亦應詳審來報虛實,分別優劣為要。」[55] 在這種情形下,蔣中正急須情報局儘快履行接收、審查情報之職能,代其先行分別各處情報之真偽、優劣,以提高工作效能。

自 12 月中旬起,情報局開始彙集各方呈送之情報,據其內容分為共產黨、第三黨、本黨黨務、軍事情形、北方要聞、平津情報、西南近況、胡派行動、日方行動、三中全會要聞等類,並將「情報摘由」呈送蔣中正,[56] 這

---

54 〈蔣中正批示戴笠來電〉(1932 年 10 月 21 日),《蔣中正總統文物》,國史館 002-080200-00060-107。

55 〈蔣中正電林蔚、戴笠〉(1932 年 11 月 23 日),《蔣中正總統文物》,國史館 002-010200-00073-053。

56 《蔣中正總統文物》中現存「情報摘由」十餘份,就其報告人包括徐恩曾、戴笠來看,其編寫者當係情報局。各號「情報摘由」之國史館典藏號如下:第五號,002-080300-00056-015;第六號,002-080300-00056-016;第七號,002-080300-00056-017;第八號,002-080300-00056-018;第十號,

標誌著情報局的工作漸入正軌。茲將現存「情報摘由」之
號次、時間、內容摘要及報告者整理如下：

號次	時間	內容摘要	報告者
第 5 號	1932 年 12 月 15 日	三全會要聞八則 軍事情形六則 日方情形一則 共產黨情報二則 改組派情報二則 本黨黨務情報一則 北方要聞二則	臨時特務處、滬市府 戴笠 滬市府 徐恩曾 戴笠 徐恩曾 徐恩曾
第 6 號	1932 年 12 月 16 日	三全會要聞六則 共產黨情報三則 西南近況五則 上海、重慶要聞二則 軍事情形二則 日方行動二則 其他情報	臨時特務處 徐恩曾、戴笠 徐恩曾 戴笠、滬市府 戴笠、徐恩曾 徐恩曾 戴笠
第 7 號	1932 年 12 月 17 日	共產黨情報一則 國家主義派情報一則 各地要聞三則 軍事情形五則 日軍情報三則 三全會要聞二則	徐恩曾 戴笠 徐恩曾、戴笠 戴笠 戴笠 臨時特務處
第 8 號	1932 年 12 月 18 日	共產黨情報六則 胡（漢民）派行動情報三則 粵港、北方要聞三則 日軍情報一則 軍事情報四則 三全會要聞七則	徐恩曾、滬市府 徐恩曾 戴笠 徐恩曾 滬市府、戴笠 臨時特務處
第 11 號	1932 年 12 月 21 日	社會民主黨情報一則 西南近況三則 福建要聞三則 三全會要聞十五則	戴笠 徐恩曾、滬市府 徐恩曾 戴笠、徐恩曾、臨時特務處

002-080300-00056-019；第 十 一 號，002-080300-00056-020；第 十 二 號，
002-080300-00056-021；第 十 三 號，002-080300-00056-022；第 二 十 九 號，
002-080200-00050-012；第 三 十 二 號，002-080200-00050-019；第 三 十 三 號，
002-080200-00050-024；第 三 十 四 號，002-080200-00050-029；第 三 十 五 號，
002-080200-00050-029；第 三 十 六 號，002-080200-00050-033；第 三 十 七 號，
002-080200-00050-036；第 三 十 九 號，002-080200-00050-043；第 四 十 號，
002-080200-00050-045；第 四 十 一 號，002-080200-00050-047。

號次	時間	內容摘要	報告者
第 13 號	1932 年 12 月 23 日	共產黨情報二則 第三黨情報一則 各地要聞七則 軍事情形七則 日軍情報三則 三全會要聞五則	徐恩曾 徐恩曾 徐恩曾、戴笠 徐恩曾、戴笠 戴笠 臨時特務處
第 29 號	1933 年 1 月 8 日	西南近況一則 軍事情報二則	徐恩曾 戴笠
第 32 號	1933 年 1 月 11 日	西南近況三則 平津情報三則 日方行動五則 軍事情形一則 山西要聞一則	徐恩曾 戴笠、徐恩曾 戴笠、徐恩曾 戴笠 戴笠
第 33 號	1933 年 1 月 12 日	軍事情形三則 日方行動一則	戴笠 戴笠
第 34 號	1933 年 1 月 13 日	軍事情形四則 平津情形三則 日方行動二則 其他情報二則	戴笠、徐恩曾 徐恩曾、戴笠 徐恩曾、戴笠 戴笠
第 35 號	1933 年 1 月 14 日	粵方要聞一則 軍事情形二則 平津情形二則	徐恩曾 戴笠 徐恩曾
第 36 號	1933 年 1 月 15 日	軍事情形一則 西南要聞二則	戴笠 徐恩曾
第 37 號	1933 年 1 月 16 日	共產黨情報一則 西南近況二則 福建、北方要聞三則 軍事情形八則 日方行動二則	滬市府 徐恩曾 徐恩曾 戴笠、徐恩曾 戴笠
第 39 號	1933 年 1 月 18 日	平津情報三則 西南近況四則 日方行動一則 共產黨、日方要聞三則	徐恩曾 徐恩曾、滬市府
第 40 號	1933 年 1 月 19 日	共產黨情報三則 西南近況三則 日方行動二則 上海要聞二則	徐恩曾、戴笠 徐恩曾 徐恩曾 戴笠
第 41 號	1933 年 1 月 20 日	各地要聞三則 軍事情形一則 日方行動六則	徐恩曾、戴笠 戴笠 徐恩曾、滬市府

　　茲就此表之內容，結合相關史料，分析如下。

　　（一）現存最早的情報摘由是 1932 年 12 月 15 日編

寫的第 5 號，最晚的是 1933 年 1 月 20 日編寫的第 41 號，就各情報摘由之日期及號次來看，大致始於 1932 年 12 月 11 日，每日編寫一號，至少持續了 41 天。1933 年 1 月下旬以後之情報摘由未見，當係林蔚去職後，情報局一度無人負責，遂中斷編寫。[57]

（二）情報局職司情報之接收、審查、考核，故將各情報摘由列表時，並註明各情報之報告者，以明責任。復由報告者一欄可知，情報局之情報來源除調查科及特務處外，尚有臨時特務處與上海市政府等單位。

臨時特務處供給之情報僅有「三全會要聞」一類，且在 1932 年 12 月 23 日以後即未再出現。按國民黨於 1932 年 12 月 15 日至 22 日在南京召開四屆三中全會，臨時特務處當係專為探查三中全會內幕而臨時組設的情報單位，故全會結束後，該處亦即裁撤，關於該處的成立經過、組織人事等基本情形，尚無相關史料可證。

上海市政府供給之情報包括三中全會要聞、共產黨情報、日方情形、西南近況、軍事情報等類，其內容之廣泛幾乎與特務組織不相上下，此種情形，無疑與上海特殊的政治地位有關。上海是中國第一大都市，是國際列強及國內各派人物從事政治活動的中心，上海市政府作為國民政府管轄該地的最高機構，自然成為蔣中正瞭解國內外各方情報的重要窗口。上海市長吳鐵城為國民黨粵籍元老，對

---

57 〈戴笠電蔣中正〉（1933 年 2 月 3 日），《蔣中正總統文物》，國史館 002-080200-00067-087。

粵方情形頗為熟悉，他長期向蔣中正報告兩廣當局以及胡漢民派在滬活動情形，頗受蔣之重視。[58] 此外，上海保安處處長楊虎亦受吳鐵城領導，探查各方內部情形；上海市社會局局長吳醒亞則受陳果夫、陳立夫領導，從事特務活動。他們都是蔣中正獲取滬上情報的重要來源。[59]

（三）蔣中正接閱情報摘由後，通常僅批「知」字，表示已閱，惟對個別亟待處置之情報亦批示查復，如12月17日戴笠報告「三十師前徵收民間稻穀數千擔」等情形，奉蔣中正批示「電該師長查復」。[60]

（四）自情報局按日編寫情報摘由後，陳立夫、徐恩曾、吳鐵城、吳醒亞等人幾乎不再直接向蔣中正呈送情報，惟戴笠之特務處仍化名「柴之堅」，自1932年12月底至1933年1月底向蔣中正送有報告。[61] 由此觀之，情報局正式開始運作後，調查科與上海市政府即將情報基本交由局方轉呈，而特務處似對此種工作方式不以為然，仍採用較為隱祕的辦法將情報逕呈蔣中正。特務處繞過局方

58 吳淑鳳編註，《蔣中正總統檔案─事略稿本》，第15冊，頁542-543。

59 王正華編註，《蔣中正總統檔案─事略稿本》，第16冊，頁117-118。陳蔚如，〈我的特務生涯〉，《中統內幕》，頁147。

60 〈情報摘由第7號〉（1932年12月17日），《蔣中正總統文物》，國史館002-080300-00056-017。

61 柴之堅係特務處之化名，理由如下：查1932年12月28日柴之堅呈蔣中正報告，註明地址為「雞鵝巷五三號」，此為特務處「甲室」亦即處長戴笠辦公室之地址；再查報告詳列情報十則，其來源分別為漢口周偉龍、青島姚公凱、山東李郁文、北平陳恭澍、天津王天木、蚌埠蔡慎初、南昌柯建安、廈門連謀、京滬路趙世瑞、香港邢森洲，此十人均係特務處成立初期各地之負責人，見《蔣中正總統文物》，國史館002-080300-00055-005。另查戴笠曾請示蔣中正，准許特務處以柴之堅名義在全國各電報局發報，此係特務處化名柴之堅之確證，見《國防部軍事情報局檔案》，國史館148-010200-0007。

之舉，無疑是在戴笠指示下進行的，戴笠這樣做的原因，有可能是擔心傳遞手續增多，有洩密之虞，也有可能懷疑局方對情報任意剪裁，使下情不能完全上達。這樣一來，自然與蔣中正統一情報單位之意旨背道而馳，不過現存「柴之堅」呈送之報告上，無一例外均有蔣中正之批示，顯示蔣中正對戴笠的做法不僅未加制止，反而是默許的。

1933 年 2 月陳立夫接掌情報局後，該局工作方式再次發生較大變化：凡事關重大、時間緊急之情報，如日本方面及各反蔣派之高級活動等，均以陳立夫、戴笠個人名義呈報蔣中正，而不再以「情報摘由」等方式由局方轉呈。至於不甚緊要之情報，則由情報局以軍事委員會辦公廳名義轉令相關上級政府查覆。茲以 1935 年 3 月中旬情報局之情報處置表為例，該表列舉 3 月 14 日至 3 月 19 日接收之情報 29 條，其中局本部報告 2 條、第一處報告 6 條、第二處報告 18 條、一、二兩處共同報告者 2 條、滬市府報告 1 條，內容包括貪汙案件、各地駐軍情形、軍風紀調查或是層級較低的日本方面、共產黨及各反蔣派之一般活動等類，由情報局分別致函湖北省政府、憲兵司令部、駐閩綏靖公署等機關查照。[62] 情報局的工作方式之所以發生上述變化，係因戴笠與局方積怨漸深，且一向堅持特務工作只對蔣中正一人負責，遂使情報局淪為一個低級情報的彙報機構。關於戴笠與局方對立之原因，下文

---

62 〈情報局三月中旬情報處置報告表〉（1935 年 3 月 22 日），《國民政府檔案》，國史館 001-050000-00019-004。

將詳述之。

四、情報局的人事糾紛

情報局自成立之日起，內部即產生調查科與特務處的派系之別，並由此引發嚴重的人事糾紛，使該局工作效能大受影響。事實上，調查科與特務處的矛盾由來已久，雙方早在情報局成立以前即嚴重對立，茲按時間順序對此種矛盾產生的歷史根源進行梳理。

1928 年 3 月 10 日，中國國民黨第二屆中央執行委員會第 121 次常務會議通過「中央組織部組織條例」，下設調查科。[63] 3 月 22 日，召開第 123 次常務會議，通過派定陳立夫為調查科主任，調查科正式成立。[64] 同年，戴笠逐漸受到蔣中正的重視，開始以國民革命軍總司令部侍從副官身分為蔣中正從事情報活動。據陳立夫回憶，當調查科人員發現戴笠也在做調查工作時，咸憤憤不平，說：「蔣公是否對我們不信任而另派戴笠去做？」陳立夫為此曾親自向蔣中正查問：「有一位名叫戴笠者，在外聲稱是蔣公要他做調查工作，有無此事？」經蔣中正親自承認，並由陳立夫向調查科人員勸解後，眾意始平息下

63　中國第二歷史檔案館編，《中國國民黨中央執行委員會常務委員會會議錄》，第 3 冊（桂林：廣西師範大學出版社，2000），頁 397。

64　中國第二歷史檔案館編，《中國國民黨中央執行委員會常務委員會會議錄》，第 3 冊，頁 429。

來，但雙方自此埋下相互競爭的種子。[65]

　　1931 年間，陳立夫與蔣中正歧見不斷。是年初，蔣中正與立法院長胡漢民發生「約法之爭」，於 3 月 1 日將胡移往湯山幽禁。陳立夫對蔣的做法頗持異議，在事件發生之初即力勸蔣「就此罷手，千萬不要走極端」，[66] 此後他又代轉國民黨元老張繼來電，請蔣、胡「及早恢復感情」。[67] 九一八事變後，蔣中正分發中央軍校特別研究班畢業學員向國民黨中央黨部報到，陳立夫時任中央組織部長，乃拒絕接收，致使畢業學員面臨失業。[68] 戴笠對陳立夫與蔣中正的歧見當有所知，對陳頗有微詞，查唐縱 10 月 29 日日記有云：「下午在戴笠家裡談頗久，戴亦恨陳立夫之賣蔣總司令。」[69] 同年底，蔣中正下野，陳立夫身為蔣之親信，卻未能與蔣共進退，「仍留京供職」。[70] 反觀戴笠雖無薪餉名義，仍組織「聯絡組」，為蔣聯絡各方、搜集情報，以蔣中正下野期間陳、戴二人的進退情形來看，戴笠難免認為陳立夫對蔣未能盡忠，因而對其心存偏見。

　　1932 年，蔣中正鑑於國民黨組織渙散，成立了力行

65　陳立夫，《成敗之鑑》，頁 106。

66　陳立夫，《成敗之鑑》，頁 174。

67　〈陳立夫電蔣中正〉（1931 年 8 月 23 日），《蔣中正總統文物》，國史館 002-020200-00010-052。

68　李士珍編校，《張炎元先生集》（臺北：自刊，1987），頁 31-32。

69　公安部檔案館編註，《在蔣介石身邊八年——侍從室高級幕僚唐縱日記》，頁 27。

70　陳立夫，《成敗之鑑》，頁 182。

社，在這樣的背景下，力行社成員或多或少會存在一些心理上的優越感，這種優越感體現在用語方面，即習稱國民黨黨務系統為「黨方」，以示區別。[71] 惟力行社本就脫胎於國民黨，雙方具有相似的政治目標，工作內容也不乏重疊之處，彼此在發展組織與搶占政治資源的過程中難免產生摩擦。蔣中正為此曾令黨部方面陳果夫、陳立夫、周佛海、曾養甫、張道藩等人與力行社方面滕傑、賀衷寒、康澤等人每月定期召開臨時會，解決雙方爭議。據滕傑回憶，此一黨社聯席會議召開期間，「每次的討論，結論都很好，但實施起來，卻與預期的效果頗有距離。」由於成效不彰，聯席會議召開一年後即未再進行，而黨、社之間的矛盾也漸至不能調和，「以後雙方相處很不愉快」。[72] 在黨、社相爭的大前提下，戴笠與陳立夫的矛盾、特務處與調查科的矛盾只會有增無減。

　　此外，特務工作性質特殊，凡事需要高度保密，而戴笠個性強烈，一貫堅持特務工作只對蔣中正一人負責，不願讓他人插手。特務處在戴笠的領導下，雖然名義上隸屬力行社，實際上是一個直隸於蔣中正的特務組織，其辦事機關設於雞鵝巷和徐府巷，而不在明瓦廊總社機關內。力行社常務幹事賀衷寒對特務處在社內的半獨立狀態深為不滿，曾向滕傑提議改組該處，「滕乃約賀與戴三人見面，賀直問戴其故，戴不悅，拍桌要走，經滕婉勸後，大家乃

71　金以林，〈蔣介石的 1932 年〉，頁 215。
72　蔣京訪問紀錄，李雲漢校閱，《滕傑先生訪問紀錄》，頁 41-42。

同意特務處對領袖交代的事，應直接向領袖負責，對團體
決定的事則須向團體負責。」[73] 這次爭執以後，戴笠對
力行社的態度並無太多改變，特務處的一切計畫和行動都
直接向蔣中正報告請示，力行社幹事會和書記長都不能與
聞。特務處在各省市設有特務站，各站長照例也是復興社
省市分社幹事會的幹事之一，但分社幹事會和書記同樣完
全不能與聞其任何活動，「特務站無論什麼事都絕不向分
社請示彙報」，「擔任分社幹事的特務站長對分社幹事會
的會議也極少參加，即使參加也絕不談特務站的工作情
況」。總之，「從組織形式的表面關係來說，特務處與復
興社簡直是各成系統」，甚至特務處在各省市之工作人員
「只知道他們的上級機關在南京，上司是戴笠，連復興社
總社都未必知道。」[74] 戴笠對社方同志尚且如此態度，
更遑論對待「黨方」了。

　　值得一提的是，此一時期特務處與調查科曾有合作的
經歷，但此一經歷不僅未能彌合雙方的裂痕，反而加劇
了雙方的齟齬。緣於1932年4月特務處成立之初，因人
員、經費等因素的限制，未能設立無線電通訊單位與設
備，其各地組織搜集之情報只能借用調查科及軍政部電臺
代為拍發，但調查科電臺例須先發本單位情報，再代特務
處發報，且特務處各地組織與調查科電臺地址未盡一致，

73　鄧元忠，《國民黨核心組織真相——力行社、復興社暨所謂「藍衣社」的
　　演變與成長》（臺北：聯經出版，2000），頁245-246。
74　蕭作霖，〈復興社述略〉，《文史資料選輯》，第11輯（北京：中華書局，
　　1960），頁27。

如在太原搜集的情報，須交給調查科交通人員帶到石家莊轉交鐵路黨部電臺拍發，凡此均使情報時效大打折扣。戴笠為此曾向蔣中正訴苦：「查中央調查科無線電因機器甚少，不能多量收發，加以該科各地黨務與特務之情報亦復不少」，「必俟其本臺時間有空，方能為我發報，否則其報必為擱淺」。[75] 戴笠在報告中的措辭很含蓄，他在下屬面前則要直接許多，當 1933 年 3 月他延聘無線電專家魏大銘來特務處自行建立電臺後，曾對該處工作人員說：「我已請到中國兩個半無線電好手中的一位，來建立我們自己的無線電通訊網，不必再仰人鼻息了！」由此不難體會，他與調查科的合作經歷並不愉快。[76]

　　1932 年 9 月情報局成立後，調查科與特務處由於任務接近，雙方由競爭而衍生的矛盾愈來愈多。當月中旬，山東爆發韓復榘、劉珍年之戰，蔣中正電令情報局轉令徐恩曾、戴笠在德州至臨城一帶全力活動。[77] 戴笠奉命後，一面覆電遵命辦理，一面不忘揭徐恩曾之短，謂：「徐恩曾同志赴杭省親未回，渠處又無人員負責，生當就商立夫先生。」其字裡行間流露出的鄙夷之情，頗能反映其對徐恩曾工作能力的不以為然。[78]

75 〈戴笠呈蔣中正報告〉（1933 年 7 月 7 日），《國防部軍事情報局檔案》，國史館 148-010200-0007。

76 喬家才，《戴笠和他的同志》，第 1 集（臺北：中外圖書，1985），頁 75。

77 〈蔣中正電林蔚〉（1932 年 9 月 19 日），《蔣中正總統文物》，國史館 002-010200-00071-037。

78 〈戴笠電蔣中正〉（1932 年 9 月 20 日），《蔣中正總統文物》，國史館 002-080200-00056-067。

　　戴笠對「黨方」特務工作的惡感，無疑與雙方爭功奪利有關。當時最令戴笠無可忍受的，是特務處的某些幹部一面領取該處經費，一面卻為調查科工作，而調查科對特務處幹部之主動投效並不拒絕。據 1933 年 7 月戴笠呈蔣中正報告，該處上海通訊組組長翁光輝曾於 1932 年 12 月逮捕共青團江蘇省委書記袁炳輝及反帝大同盟組織部長朱愛華，未將二人押往特務處，反而「解送中央黨部，領取賞金三千元」，且事前事後，對戴笠「毫無報告」。[79]嗣後翁光輝又逮捕共產黨員林素琴，仍「逕送中央黨部」，事經特務處聞悉並去函查詢後，翁光輝「始具報說明」。戴笠對此大為不滿，但他無法向調查科方面直接發洩，只得向蔣中正告發翁光輝「賣上圖利，破壞組織，殊為特務工作前途之一障礙」，將其撤職察看。[80]

　　1933 年 2 月陳立夫接掌情報局後，戴笠始終不為其所用。據軍統舊人沈醉回憶，當陳立夫接事後，「他〔戴笠〕去見陳，陳對他很為藐視，使他永久懷恨在心，多年不忘。以後軍統與中統一直鬧磨擦，這也是一個最重要的原因。」[81]此說固然值得參考，但解釋此一時期的戴、

79　時任調查科幹事王思誠在回憶錄中，將袁炳輝、朱愛華被捕視作該科「破案紀錄」，可知翁光輝將二人逮捕後，必是解往調查科，戴笠僅稱「中央黨部」，當係未便明言。見王思誠，《曠世風雷一夢痕》，頁 136。

80　〈戴笠呈蔣中正報告〉（1933 年 7 月 7 日），《國防部軍事情報局檔案》，國史館 148-010200-0007。特務處上海通訊組工作人員沈醉稱，「翁光輝任（上海）區長不久，因他擬將一項重要的特情報不透過戴笠直接送與蔣中正，被戴笠發覺扣留，撤去區長職務。」據戴笠呈蔣中正之報告可知，翁光輝時任上海通訊組長，而非區長，其被撤職則與暗通調查科有直接關係，沈醉回憶並不準確。

81　沈醉，〈我所知道的戴笠〉，頁 66。

陳矛盾更應以情報局之運作方式為切入點進行考查。先是
情報局成立以前，調查科之情報即由科主任徐恩曾呈送陳
立夫，再由陳立夫轉呈蔣中正，特務處之重要情報則直接
呈送蔣中正，並不呈送力行社幹事會，此即一些中統舊人
所指陳者：「一開始戴笠便和蔣介石有直接關係，徐恩曾
僅與二陳有直接關係，同蔣介石隔著一層。」[82]此後調
查科及特務處隸屬情報局，徐恩曾仍將情報呈送陳立夫，
其工作地位一無變化，但對戴笠而言，卻要將原本「直達
天聽」的情報經過陳立夫之手轉呈，將他與蔣中正直接
聯絡的管道阻斷，如果拋開情報局的組織與名義來看，此
舉簡直無異於特務處被調查科吞併，這自然是戴笠無法接
受的。

　　不過特務處劃歸情報局指揮畢竟是蔣中正的決定，戴
笠在表面上不得不尊重情報局的地位，於是他將事關重要
之「緊急情報」仍以有線電逕呈蔣中正，而以一般情報敷
衍局方。[83]戴笠除在情報方面對局方有所保留外，對於
特務處從事的逮捕、暗殺等行動工作更不允許局方過問，
戴笠並嚴誡特務處工作人員不可向外洩漏本處祕密，否則
定要予以嚴厲的紀律處分，於是陳立夫不僅對特務處的組
織人事、活動情況難窺究竟，即對特務處的辦公地址亦瞭

82 劉介魯、吳汝成，〈我們所知道的徐恩曾〉，柴夫編，《中統頭子徐恩曾》
　　（北京：中國文史出版社，1989），頁93。
83 〈戴笠電鄧文儀〉（1933年12月9日），《戴笠史料》，國史館144-
　　010105-0005-005。

解有限。[84]

　　戴笠施展的一系列手段，自然有其簡化工作手續、保守情報機密的理由或藉口，但在陳立夫及第一處眼中，則難免不服指揮、自立門戶之嫌。調查科元老張文即直言：「第二處的事完全由戴笠掌握控制，不容陳立夫過問，遇有重大問題，戴笠便直接報請蔣中正核批。對第二處來說，陳立夫這個局長只是徒擁虛名。」[85]

　　此外，戴笠還極力尋找脫離局方控制的機會，他曾於1933 年 7 月 7 日報告蔣中正，略稱特務處偵查政治及警察機關之貪汙案件，例須呈送情報局，以軍事委員會名義轉令相關上級單位查覆，然而相關上級單位與涉嫌貪汙之機關本有千絲萬縷的聯繫，難免官官相護，「結果實者皆虛，不惟成效鮮著，亦且打草驚蛇，反索密告之人，使工作人員由失望而灰心」，因而請求蔣中正委任特務處京滬路通訊組組長趙世瑞、杭州通訊站站長胡國振為江蘇、浙江兩省政府視察員，將所有偵悉之貪汙案件不再呈送局方，而由視察員會同各該省政府主席辦理。[86] 惟蔣中正對此並未批准，且告誡戴笠：「偵察員絕不許公開或與政府機關有何關係，免為招搖舞弊之階。」[87]

---

84 李邦勳，〈情報局和中統、軍統前身的錯綜隸屬關係〉，頁 22。

85 張文，〈中統二十年〉，頁 16。

86 〈戴笠呈蔣中正報告〉（1933 年 7 月 7 日），《國防部軍事情報局檔案》，國史館 148-010200-0007。

87 〈蔣中正批示戴笠來電〉（1933 年 7 月 31 日），《蔣中正總統文物》，國史館 002-080200-00110-102。

　　在戴笠亟思擺脫情報局的同時，陳立夫則在設法加強對特務處的控制，他於同年11月召開情報局會議，以配合蔣中正在江西之剿共軍事為由，決定成立情報局駐贛辦事處，由該局第一、二、三，三處，各派遣統計、繕校、譯電人員三人組成，以便就近襄助南昌行營機要科主任毛慶祥辦理徐恩曾、戴笠兩方情報之傳達事宜，藉收情報集中、傳達迅速、機密易守之效。[88] 然而駐贛辦事處的成立，並未達到陳立夫的預期效果，戴笠只將過去呈送情報局之次要情報改送駐贛辦事處，緊急情報則仍用有線電逕呈蔣中正。[89]

　　戴笠對情報局和陳立夫的態度，亦為蔣中正所默許。陳立夫晚年曾無奈的表示：「講到戴雨農啊，蔣公太放任他一點！他在蔣公身邊，我也沒有辦法指揮他，他有什麼真正好的消息，他就直接報告蔣公，再來通知我。」還說：「〔戴雨農〕表面上是受我指揮，事實上他每天接受蔣公之命行事，我無法指揮他，我想蔣公要我來 check 他一下，所以戴雨農不敢對我無禮，但是我本身如果稍微有一點小毛病，他會馬上密報蔣公，那我早就垮掉了，他如果被我抓到了小毛病，我亦不客氣會呈報蔣公。所以表面上他對我還是很敷衍很客氣的，實際上他如果有了

88　〈戴笠呈蔣中正報告〉（1933 年 11 月 17 日），《蔣中正總統文物》，國史館 002-080102-00038-001。

89　〈戴笠電鄧文儀〉，（1933 年 12 月 9 日），《戴笠史料》，國史館 144-010105-0005-005。

重要的情報，他會直接給蔣公弗經過我啦！」[90]

五、情報局的經費糾紛

情報局成立後，特務處經費除照例由軍需署按月發給一部分外，並由情報局承擔一部分。情報局本身經費亦由軍需署發給，經手者為該局總務處長徐恩曾。戴笠與徐恩曾之間素有隔閡，當特務處的經濟命脈被徐恩曾掌握後，戴笠與局方由於溝通不暢、相互疑忌等原因，又發生了一系列經費糾紛。

先是 1933 年初林蔚去職後，情報局一度無人主持，特務處應向局方支領之經費也因此受到影響。2 月 3 日，戴笠致電蔣中正，略謂局方發給該處之一月分經費係中行支票，可是徐恩曾「竟向該行止付」，此時特務處南京、杭州兩特警班學員正在南京等待分發，每人擬發服裝費三十元、旅費三十元，「共需洋六千元之譜，待用孔亟」，戴笠因請蔣中正電令軍需署長朱孔陽發給特別費六千元，以解燃眉之急。蔣中正接閱後，復電准予照發，特務處之經費困難始暫時解決。[91]

陳立夫接任局長後，仍令徐恩曾負責經費事宜，他與徐恩曾根據情報局改組後的組織情形，制定了新的預算。

90 張緒心、馬若孟編述，卜大中翻譯，《撥雲霧而見青天：陳立夫英文回憶錄》（臺北：近代中國出版社，2005），頁 764-765。

91 〈戴笠電蔣中正〉（1933 年 2 月 3 日），《蔣中正總統文物》，國史館 002-080200-00067-087。

不久長城抗戰爆發，蔣中正於 3 月 9 日北上保定，陳立夫
偕徐恩曾隨往保定，將新造預算呈報蔣中正批准。3 月 19
日，蔣中正手令軍需署長朱孔陽，告以今後情報局經費月
發 7 萬元，由陳立夫具領，徐恩曾經手。7 萬元經費的具
體分配情形是：第一、二、三，三處，經費 5,000 餘元，
京滬等處行動經費 6,000 元，各地機關經費 5,000 元，電
臺及各地交通經費 9,000 元，戴笠特別費 5,560 元，戴笠
經費 24,560 元，杭州特訓班經費 2,500 元，每月活動、
旅費等臨時支出約 5,000 元，逐月增設機關電臺、創辦各
種掩護事業之準備金 10,000 元。[92]

　　這份新造預算，並沒有顧及特務處的用款情形。早在
2 月底，特務處因成立東北情報訓練班，加以南京特警班
第二期及杭州特警班第一期畢業學員分發各地工作，開支
已大為增加，此前特務處每月經費預算為 27,120 元，此
時激增至 47,220 元，已超過原有預算 20,100 元。當陳立
夫、徐恩曾在保定向蔣中正呈報新造預算時，戴笠恰在北
平從事祕密工作，未能與陳、徐及時接洽，以致新造預算
中雖將特務處原有預算 27,120 元納入，卻未加入超過預
算的 20,100 元。3 月 23 日，戴笠將上述情形及新舊預算
對照全份詳細呈報蔣中正，獲蔣中正批准增加預算，並
於 3 月 30 日手令軍需署長朱孔陽，告以自 3 月起月發

92　〈朱孔陽電蔣中正〉（1933 年 7 月 22 日），《蔣中正總統文物》，國史
　　館 002-080200-00108-079；〈徐恩曾電蔣中正〉（1933 年 7 月 29 日），《蔣
　　中正總統文物》，國史館 002-080200-00110-067。

特務處臨時費 20,100 元，交由戴笠具領。此後數月，特務處之工作得以維持不墜。[93]

然而好景不長，特務處所領經費很快因為軍費審計發生了曲折。6 月 18 日，蔣中正批閱德國駐華軍事總顧問佛采爾的條陳，內云：「軍費無審核，則軍與國俱亡。」因決心審計軍費。[94] 他於 7 月 3 日致電朱孔陽，令即查復情報局每月經費 7 萬元係何人所領，何時領起，並稱此 7 萬元中包括「特務組（處）之二萬一百元」，如有「誤發雙倍」之事，應查明扣還。其實這是蔣中正誤記了，情報局每月經費 7 萬元包括特務處經常費 27,120 元，所謂 20,100 元是由軍需署發給的臨時費，並不包括在 7 萬元中。[95]

蔣中正的誤記直接造成了軍需署的混亂。7 月 23 日，軍需署出納科告知戴笠，按照蔣中正電令，特務處每月在該署具領之 20,100 元暫緩發給，查明再核等情。為此，戴笠特電蔣中正，詳述特務處每月領取經費情形，並告急：「目下時屆月底，情報局方面之二萬七千一百二十元迄今分文未發，而每月直接向軍需署具領之二萬另一百元又奉令緩發，現各處工作人員待款孔亟，生實無法應付」，「伏乞迅賜電令軍需署朱署長照常發給，以利工作

93 〈戴笠電蔣中正〉（1933 年 7 月 23 日），《蔣中正總統文物》，國史館 002-080200-00108-064。

94 蔣中正日記，1933 年 6 月 18 日。

95 〈蔣中正電朱孔陽〉（1933 年 7 月 3 日），《蔣中正總統文物》，國史館 002-010200-00087-023。

之進行。」蔣中正接閱後，或許意識到了自己的誤記，乃批示「照辦」，並電令朱孔陽照發戴笠 7 月分臨時費。[96]

8 月 3 日，戴笠向軍需署領到臨時費 20,100 元，但其 27,120 元經常費仍未向情報局領到，此因情報局經費亦由軍需署發給，而軍需署正遵照蔣中正之電令，須查清情報局 3 至 6 月收支情況後再繼續下發，在情報局本身尚未領到經費的情況下，自然無法轉發給特務處。然而戴笠對此不以為然，認為問題出在徐恩曾那裡，遂於 8 月 10 日再電蔣中正告急道：「現七月分已終了，八月分又屆上旬，各處工作人員經費因情報局至今未發分文，催款函電竟如雪片飛來。伏乞鈞座迅賜電令情報局徐恩曾先生，即將生處七月分應領經費全數發給，以資維持，臨電不勝迫切待命之至！」[97] 先是 7 月 29 日，戴笠、徐恩曾分別致電蔣中正，詳報特務處及情報局每月經費數目。[98] 蔣中正接閱上述各電後，鑑於情報局領款情形已經基本查明，遂於 8 月 11 日電告朱孔陽「情報局每月原定之數照付」，並於 8 月 12 日電告徐恩曾照發戴笠經費。徐恩曾接電後，於 8 月 20 日復電蔣中正：「俟情報局七月分經費領到後，

---

96 〈戴笠電蔣中正〉（1933 年 7 月 23 日），《蔣中正總統文物》，國史館 002-080200-00108-064；〈朱孔陽電蔣中正〉（1933 年 8 月 1 日），《蔣中正總統文物》，國史館 002-080200-00111-057。

97 〈徐恩曾電蔣中正〉（1933 年 7 月 29 日），《蔣中正總統文物》，國史館 002-080200-00110-067；〈戴笠電蔣中正〉（1933 年 8 月 10 日），《蔣中正總統文物》，國史館 002-080200-00113-051。

98 〈徐恩曾電蔣中正〉（1933 年 7 月 29 日），《蔣中正總統文物》，國史館 002-080200-00110-067；〈戴笠電蔣中正〉（1933 年 7 月 29 日），《蔣中正總統文物》，國史館 002-080200-00110-054。

遵當照付，勿念。」[99] 至此，特務處 7 月分經常費問題始獲解決。

　　軍費審計結束後，情報局拖欠特務處經費之事仍時有發生，戴笠為此深感困擾，向蔣中正迭有陳述。9 月 24 日，戴笠因 8、9 兩月經費拖欠，致電蔣中正稱：「生處應向情報局、軍需署具領之經常費，八月分迄今僅領得半數，九月分分文未曾領得，而內外勤工作人員之生活費每月分兩次發給，刻不容緩。生除將京杭兩特警班之餘款盡數移墊，並向第一師通訊處暫借發給外，現已移借俱窮，各地催發九月分經費之函電紛至，生實無法應付。為此電陳困難，伏乞迅電軍需署、情報局將生處本月分經費即予發給，並此後須特別通融，准予按月發清為幸。」時值第五次剿共期間，軍費浩繁，蔣中正接閱此電後，只能暫時不予回復。[100]

　　10 月 1 日，戴笠再電蔣中正催款：「生處八月分經費，情報局由徐恩曾同志經發者尚有半數計一萬三千餘元未發，九月分情報局與軍需署均迄今分文未發。生除將困難情形迭電奉陳鈞座外，並日向局、署請求發給，但均無以給領。」「現各地工作人員之生活無法維持，而粵方被捕人員之營救與某種工作之進行均待款甚急，伏乞迅電軍

99 〈蔣中正電朱孔陽〉（1933 年 8 月 11 日），《蔣中正總統文物》，國史館 002-010200-00090-013；〈徐恩曾電蔣中正〉（1933 年 8 月 20 日），《蔣中正總統文物》，國史館 002-080200-00115-037。
100 〈戴笠電蔣中正〉（1933 年 9 月 24 日），《蔣中正總統文物》，國史館 002-080200-00123-071。

需署與情報局即予撥發為幸。」[101] 這次，終於奉蔣中正
批示「照辦」，並電令朱孔陽緩發國防設計委員會經費，
以便速發戴笠各款。[102]

迨至 12 月中旬，情報局應發特務處 11 月分經費又有
半數未發，軍需署方面亦無分文發給。時值「閩變」，特
務處必須加緊活動，而閩粵等處之工作，「為避免各該地
當局之懷疑，每月經費均須作一次匯滙，託商號轉匯。」
「月半已屆，遠地之本月分經費尚無以匯出，而近地之上
月分下半月經費亦無以發清，各地工作人員之生活幾瀕絕
境。」戴笠遂於 12 月 13 日致電蔣中正，告以特務處和調
查科相比，經費極感困難：「查徐恩曾先生之調查科既有
黨部經費可以移墊，復有立夫、恩曾先生在社會之地位與
其所經營之數家商店經濟可以活動。……惟生既乏公開機
關掩護，又無經濟權力，且歷來因抱定不敢欺騙鈞座之宗
旨，故每有所知，無不直陳，因是環境日益險惡，辦事諸
感棘手。而仰體鈞座期望之深切與所負使命之重大，受良
心之督責，工作復不敢後人，每為增進工作之效能計，對
必需之款又不能不設法給與。但每當晉謁或書面呈報之
時，因顧慮中央財政之支絀，尤不敢多事請求，生之困難
甚矣！倘蒙召見軍需署所派之本處會計股長徐人驥，更必
能洞悉生處經濟之實在困難情形也。」按一般設想，調查

---

101 〈戴笠電蔣中正〉（1933 年 10 月 1 日），《蔣中正總統文物》，國史館
002-080200-00125-037。

102 〈蔣中正電朱孔陽〉（1933 年 10 月 3 日），《蔣中正總統文物》，國史
館 002-010200-00095-014。

科經費也仰仗情報局發給，當情報局未能領到軍需署經費時，徐恩曾應與戴笠站在同一立場，戴笠此電則指出調查科經費來源甚多，並不急於向軍需署領款，根本不會設身處地去理解特務處的經費困難。

戴笠鑑於情報局每月應發經費常常延後四、五十天方能陸續發給，而軍需署應發者亦不能按月發清，乃向蔣中正請求三點，以救困難：一、「將情報局每月應發生處之經費統劃由軍需署直接發給」；二、「電令朱署長對生處之經費特別通融，准予於本月十日以前一次發給，以免與情報局職掌經理之徐恩曾先生為領款而發生誤會」；三、以上如辦不到，「請祈賜發周轉費五萬元，以資應付。」這三項請求中，第一項實有脫離情報局組織之意圖，未獲蔣中正同意，其餘兩項則均獲批「可」，並電軍需署照辦。[103] 至此，特務處與局方的經費糾紛告一段落。

綜觀 1933 年特務處與局方的一系列經費糾紛，1 月經費未發係因情報局人事更迭、無人負責，7 月經費延發係因蔣中正審計軍費，8、9、12 三個月經費之延發則因軍費開支浩繁，情報局未向軍需署領到經費，自然無力轉發特務處。徐恩曾曾於 10 月 7 日將情報局緩發戴笠經費之原因及其本身捉襟見肘之情形電告蔣中正：「戴笠同志八月分經費已於九月底付，至九月分經費業由職處盡力墊

---

103 〈戴笠電蔣中正〉（1933 年 12 月 13 日），《蔣中正總統文物》，國史館 002-080200-00138-105；〈戴笠電蔣中正〉（1933 年 12 月 23 日），《蔣中正總統文物》，國史館 002-080200-00140-027。

付少許，而軍需署對於情報局九月分整個經費未付分文，
故戴笠同志九月分全數經費，勢難完全由職墊付」，如欲
全數發給特務處九月分經費，只能「向軍需署請求迅予撥
給，俾資轉發」。[104]

　　就上述事實來看，特務處經費固然常遭拖欠，惟局方
亦有不得不爾的苦衷，並非故意刁難。另一方面，雖然陳
立夫、徐恩曾沒有扣發戴笠經費，但雙方顯然心存猜忌，
隔閡甚深：2月間陳、徐在沒有徵詢戴笠意見的情形下，
就逕行造送新預算；7至9月間情報局未向軍需署領到
經費，無力轉發特務處之款，戴笠既與徐恩曾多次接洽，
徐恩曾必將此種情形相告，戴笠卻對徐恩曾的解釋不以為
然，仍迭請蔣中正轉令徐恩曾發款，且其措詞之間不乏對
局方的不滿與懷疑，而對陳、徐「擁有社會之地位與其所
經營之數家商店經濟可以活動」尤感不平，凡此均顯示雙
方缺乏基本的溝通與信任。

　　總之，特務處與局方的經費糾紛自有其難以避免的客
觀因素，惟徐恩曾與戴笠之間早具成見，有些本可透過
聯絡溝通而化解的矛盾，卻因意氣之爭愈演愈烈。由此
觀之，情報局的經費糾紛未嘗不是該局人事矛盾的擴張與
延續。

---

104 〈徐恩曾電蔣中正〉（1933年10月7日），《蔣中正總統文物》，國史
　　館 002-090106-00009-327。

六、有關情報局的歷史敘述

情報局為祕密機構，對外對下都不行文，「遇有需要溝通協調問題時，由局舉行工作會報或以面授機宜等方式解決之」，有關該局之一切事宜，少有文字紀錄。[105] 因此，情報局的活動情形不僅外界所知甚少，即使很多親歷者也難窺究竟，在相當長的一段時間裡，史學界只能透過中統、軍統方面的間接史料去建構相關歷史。然而這類史料存在一個嚴重的問題，即以「軍事委員會調查統計局」指代「情報局」，使該局在不同歷史階段使用的兩個名稱混淆不清，筆者鑑於此事訛傳已久，認為有必要對其歷史敘述的脈絡進行仔細梳理，藉以探究此一說法的成因。茲就官方出版品記載與憶述史料分別言之。

官方出版品方面，中統自調查科時代直至遷臺以後，均無官修局史，[106] 因此只能參考軍統的記載。1946 年 4 月，軍統局發表〈戴雨農將軍行狀〉云：「北伐告成，黨國肇建，敵虞我國趨於統一，將無所施其計，謀我益亟，因有九一八、一二八之變，公〔戴笠〕奉命主持調查統計局第二處，專負對敵在華之間諜偵防工作。」[107] 此為軍統出版品對於該局沿革的最早說明。1962 年 3 月，《國防部情報局史要彙編》云：「二十一（一九三二）年四月

---

105 王思誠，《瞻園憶舊》，頁 36-37；陳恭澍，《北國鋤奸》，頁 35。
106 李世傑，《調查局研究》（臺北：李敖出版社，1988），自序，頁 2。
107 國防部保密局編，《戴雨農將軍榮哀錄》，無頁碼。

一日，正式建立首腦部於南京徐府巷……九月，軍事委員會成立調查統計局，特務處奉命劃歸管轄，改稱為該局之第二處，負情報及訓練之責。」此為情報局編纂的第一部也是唯一一部局史。[108] 以上兩種記載均以後來出現之軍事委員會調查統計局代稱情報局，奠定了軍統方面對該局沿革史的敘述基調，影響頗為深遠。

1966 年 3 月，國防部情報局編印《戴雨農先生年譜》，內云：「先生卅六歲，任軍事委員會調查統計局第二處處長」，「四月一日成立軍事情報機構，旋隸軍委會調查統計局為第二處。」[109] 1976 年 5 月，《戴雨農先生年譜》增訂版云：「四月一日成立軍事情報機構特務處，九月隸軍委會調查統計局為第二處。」[110] 1979 年 10 月，該局又編印《戴雨農先生傳》，云：「聯絡組奉命自四月一日起即擴大改組為情報處（又稱特務處，暫隸推展民族復興運動的力行社，先積極部署工作，是年九月，隸軍事委員會調查統計局為第二處），戴先生奉派為處長。」[111] 這三種書基本沿襲《國防部情報局史要彙編》的說法，並無創新，惟《國防部情報局史要彙編》係情報局內部流傳的機密刊物，印量極少，《戴雨農先生年譜》、《戴雨農先生傳》雖然也屬「非賣品」，但發行較廣，成為外界瞭解軍

---

108 國防部情報局編，《國防部情報局史要彙編》，上冊，頁 1。
109 國防部情報局編，《戴雨農先生年譜》（初版），頁 18-19。
110 國防部情報局編，《戴雨農先生年譜》（再版），頁 26-27。
111 國防部情報局編，《戴雨農先生傳》，頁 21。

統官方記載的重要途徑，尤為史學界廣泛徵引。[112]

　　軍統出版品皆以「軍事委員會調查統計局」代稱「情報局」之原因至少有兩個：

　　（一）當情報局改稱調查統計局之初，該局人士在追述過去之工作情形時即習慣以「調查統計局」代稱情報局，如 1936 年 2 月徐恩曾呈蔣中正之「軍事委員會調查統計局二十四年全年經費決算表」，內有 1935 年 1 月至 3 月之經費收支預算書，為行文便利，皆逕稱調查統計局，而未提及情報局之舊稱。[113] 可見調查統計局一經成立，情報局這個在軍事委員會地位未定的稱呼就被刻意掩藏了。

　　（二）情報局自 1932 年 9 月成立至 1935 年 4 月改稱調查統計局，存在時間二年七個月，調查統計局自 1935 年 4 月成立至 1938 年 8 月拆分改組為國民黨中央調查統計局及軍事委員會調查統計局，存在時間三年四個月，而戴笠的特務系統繼續沿用此一名稱，直至 1946 年 8 月始改組為國防部保密局。值得注意的是，由情報局到調查統計局的過渡係改稱而非改組，對於一個內部組織未變僅名稱改變的機構而言，知情者自然對其存在時間較長且最後使用的名稱印象更深。當十幾年甚至幾十年後軍統方面修

---

112 該局另於 1979 年編印《戴雨農先生全集》，係將《戴雨農先生傳》、《戴雨農先生年譜》及戴笠之講詞等內容合刊，亦為學者早期研究軍統歷史的重要參考資料。

113 〈徐恩曾呈蔣中正報告〉（1936 年 2 月），《國民政府檔案》，國史館 001-023330-00011-009。

纂出版品時，編輯人員尚無條件參閱原始檔案，只能以親歷者的口述為準，而為數不多的親歷者很有可能已對情報局的印象相當模糊，為敘述簡便，遂有「1932 年 9 月成立軍事委員會調查統計局，調查科隸屬該局為第一處，特務處隸屬該局為第二處」之說。[114]

　　憶述史料方面，在臺軍統、中統舊人皆奉軍統出版品之記載為圭臬。楊明堂《從無名英雄到有名英雄——戴雨農先生的奮鬥歷程》、費雲文《戴笠的一生》及《戴笠新傳》、唐良雄《戴笠傳》、陳恭澍《英雄無名》、喬家才《鐵血精忠傳》、張霈芝《戴笠與抗戰》、王蒲臣《一代奇人戴笠將軍》、王思誠《曠世風雷一夢痕》及《瞻園憶舊》諸書雖文字略有出入，其實質則略無差異，上述諸書流傳甚廣，愈使此說影響擴大。

　　留在大陸的軍統、中統舊人，亦大都只言軍事委員會調查統計局，而不提情報局，且對該局成立時間說法不一。如沈醉說：「從十人團慢慢發展起來後，才成立軍事委員會特務處。以後軍委會調查統計局成立，由陳立夫任局長，特務處改為第二處，戴笠任處長。」文強說：「一九三四年，由陳立夫主持的軍事委員會調查統計局成立，戴笠被任命為這個局的第二處長。」章微寒說：「一九三四年四月，蔣中正為了強化法西斯獨裁統治，把

---

114 軍統編纂出版品時，因檔案不全，而取材口述史料者甚多，參見《國防部情報局史要彙編》「凡例」第三條，「本彙編取材於本局民國廿一年起之工作年報與積存檔案暨在臺諸先進同志之口述。」

御用的陳立夫和戴笠兩個特務體系予以合併，以避免內部
勾心鬥角，互相抵銷力量，成立了軍事委員會調查統計
局。」張國棟說：「1932 年時，國民政府軍事委員會成
立調查統計局（這與後來以戴笠為頭子的軍事委員會調查
統計局是兩碼事），局長陳立夫，副局長陳焯，下設三
處，第一處處長徐恩曾，第二處處長戴笠，第三處處長丁
默邨（後金斌接任）。」[115]

軍統、中統舊人皆以「軍事委員會調查統計局」代稱
「情報局」，除前述時過境遷、記憶不清的原因外，還與
情報局的機密性質及徐恩曾、戴笠對各自特務組織的掌控
有關。

首先，情報局在軍事委員會之地位未經確定，對外保
持機密，直至其改為半公開性質的調查統計局後，始由國
民政府明令設立、委任局長並發給關防，這使得調查科與
特務處內除去極少數曾參與情報局運作的人以外，絕大
多數人只在調查統計局出現後始逐漸瞭解該局早在 1932
年 9 月即已成立，卻不知當時的名義是情報局。[116]

其次，徐恩曾與戴笠皆竭力避免處內工作人員瞭解此
一上級機構的存在。調查科方面，徐恩曾並不按照第一處
的組織編制行事，而將該處經費用於組建祕密機關「特工

---

115 沈醉，〈我所知道的戴笠〉，頁 65。沈醉、文強，《戴笠其人》，頁
200。章微寒，〈戴笠與軍統局〉，頁 95。張文，〈中統二十年〉，頁 1。

116 參見〈國民政府指令第 1108 號〉（1935 年 5 月 1 日），《國民政府公報》，
第 1731 號，頁 12；〈國民政府令〉（1935 年 5 月 4 日），《國民政府公報》，
第 1733 號，頁 6。

總部」，該處工作人員名單只用於向局方領取薪金，「甚
至有些人連自己在那個處裡、擔任什麼職務、多少薪金也
不知道，而且從不過問，也是不容過問的。向上級領取薪
金時，是由徐恩曾最親信的會計人員帶著各人的私章到所
屬會計室領取。」[117] 特務處方面，戴笠堅持特務工作只
對蔣中正負責，一般工作人員只知該處係由蔣中正直接領
導，而不清楚與情報局的上下隸屬關係。[118] 以上述諸人
為例，唐良雄、文強、王蒲臣、楊明堂、費雲文、張霈芝
六人均在1934年以後參加軍統，對情報局並無直接瞭解；
陳恭澍、沈醉、喬家才雖參加軍統較早，但各自在北平、
上海、山西擔任外勤工作，與南京處本部少有接觸，對情
報局的內情也不甚了了。[119] 張國棟係調查科元老，但自
1931年至1936年留日，這五年間與調查科暫時脫離工作
關係，正好錯過了情報局的成立與改稱。[120]

　　就現存史料來看，真正參與到情報局內部運作的，除
前後任局長林蔚、陳立夫、副局長陳焯外，僅有調查科的
徐恩曾、董明炯、孫翼謀、陸志直、特務處的戴笠、余洒
度、趙世瑞、曾澈、楊超燧、李邦勳以及南昌行營的毛慶

---

117 張文，〈中統二十年〉，頁15。

118 李邦勳，〈情報局和中統、軍統前身的錯綜隸屬關係〉，頁22。

119 陳恭澍、沈醉、喬家才、唐良雄、文強、王蒲臣分別於1932年2月、1932
年6月、1932年9月、1934年9月、1935年3月、1936年1月參加軍統，
參見〈特務處二十六年分內外勤工作人員總考績名冊〉，《蔣中正總統文
物》，國史館002-110702-00030-001。楊明堂、費雲文、張霈芝則於抗戰
期間始參加。

120 張文，〈中統二十年〉，頁13。

祥、吳嵩慶、吳肇祥等寥寥十數人，[121] 其中留下回憶文字的僅有陳立夫、徐恩曾、李邦勳、吳嵩慶四人，而在回憶文字中談及情報組織沿革的只有陳立夫、李邦勳二人。[122]

陳立夫作為任職時間最久的情報局局長，他的回憶無疑最值得重視，然而他於 1992 年接受專訪時，並未提及「情報局」，甚至亦未提及「調查統計局」，而代之以所謂「調統會報」，他說：「約在二十四年，蔣公要我主持一個調統會報，屬於軍事方面的，由陳空如先生協助我。遂正式派徐恩曾為該會報之第一組主任（注重共黨在社會之活動），戴笠為第二組主任（注重共黨在軍事方面之活動），並派丁默邨為第三組主任（掌理會報方面之總務事宜）。」[123] 其後陳立夫撰寫《成敗之鑑》及《撥雲霧而見青天》，所述內容皆與此次談話略同。查陳立夫接受訪問及撰寫回憶錄時已是九十多歲高齡，顯然時隔多年，他對情報局乃至調查統計局的成立年分、初始名稱都已記憶不清了。

李邦勳，湖北武穴人，北京畿輔大學鐵路管理科畢業。1932 年 12 月，參加特務處工作，歷任處本部統計股

---

121 參見李邦勳，〈情報局和中統、軍統前身的錯綜隸屬關係〉，頁 23。原文曾澈作「曾徹」、楊超熒作「楊朝熒」，據特務處二十四年年終總考績擬請增薪人員名冊改，《國民政府檔案》，國史館 001-023330-00002-005。

122 徐恩曾之回憶文字收錄於《細說中統軍統》，該文側重記述國共鬥爭，未談及中統沿革史；吳嵩慶曾任情報局駐贛辦事處主任，晚年撰有《嵩慶八十自述》，亦無相關內容。

123 王禹廷，〈中國調統機構之創始及其經過〉，頁 31。

股員、漢口禁煙密查組組員等職。他於 1934 年 1 月奉戴
笠之命赴南昌參加情報局駐贛辦事處工作，對情報局之內
情有深切瞭解，他撰寫的〈情報局和中統、軍統前身的錯
綜隸屬關係〉，是迄今所見唯一一篇對情報局沿革史有詳
確說明的回憶文字。該文指出「約在 1933 年間，蔣介石
就成立了一個統一的特務機關──情報局，以陳立夫為局
長，陳焯為副局長，局址設在南京四條巷。該局下設一、
二、三處：第一處即徐恩曾掌握的中統特工總部；第二處
即戴笠掌握的復興社特務處；新成立的第三處掌握郵電檢
查，由陳焯兼任處長。」「1935 年，蔣介石把情報局改
稱為軍事委員會調查統計局，仍以陳立夫、陳焯為正副局
長，內部組織也仍同情報局時一樣。」[124]

　　除李邦勳外，中統舊人陶蔚然、胡性階也曾提及「情
報局」。陶蔚然說，1935 年以後蔣中正成立軍事委員會
調查統計局，「此前曾一度稱情報局」。[125] 胡性階說，
蔣中正於 1935 年成立「軍事委員會情報局」，「又稱調
查統計局」。[126] 然而上述三人的文字均刊載於《文史資
料存稿選編》，至 2002 年始首次出版，由於公布較晚，
且所述不乏孤證，迄未引起學界的重視。加以此前軍統出
版品及兩統舊人的說法流傳已久，人們的既有認知根深柢

---

124 李邦勳，〈情報局和中統軍統前身的錯綜隸屬關係〉，頁 22。

125 陶蔚然，〈中統概況〉，頁 10。陶蔚然曾任中統局本部專員。

126 胡性階，〈中統沿革〉，《文史資料存稿選編》，第 13 冊，頁 18。胡性
　　階在抗戰中期參加中統組織，曾在局本部黨派處做過情報編審工作。

固，大有眾口鑠金之勢。因此，學界在敘述這段歷史時，大都一仍軍統出版品之舊說。

事實上，情報局與軍事委員會調查統計局固然為同一組織，但兩者的組織名稱、隸屬機關、祕密程度均不同，且就歷史學的觀點而言，以後來出現之名詞替代先有之名詞亦是不嚴謹的，而對相關研究造成的危害尤大。首先，學者如以「軍事委員會調查統計局」作為關鍵字檢索1935年以前的原始史料，會一無所獲，影響其檢索的深度與廣度；其次，當學者看到情報局之原始檔案後，如不對相關史料進行全面的整理與分析，會認為情報局與調查統計局是該局成立之初擬定的不同名稱，甚至誤以為這是同時並存的兩個機構。[127] 因此，有關這一名詞混淆的問題亟待理清，以免造成史實上的混亂與研究上的誤解。

---

127 以岩谷將、范育誠的論文為例。岩谷將在該文註釋中說明，根據不同人士的回憶文字，均指出調查統計局與情報局所在地相同，復根據李邦勳之回憶，認為「兩者實質上是相同組織的可能性很高」，但該文未能參考原始檔案，故對李邦勳之回憶有所保留，正文仍謂：「1932年9月，軍事委員會與剿匪總司令部分別以非公開方式成立了『調查統計局』和『情報局』。」見《蔣介石與現代中國的形塑》，第2冊，頁13。范育誠則認為：「依照大部分的檔案來看，比較可能的解釋是『情報局』即調查統計局，而名詞混亂所顯示的應該是機構改組尚未定型。」「根據戴笠在1938年6月6日所呈的檔案來看，卻又顯示情報局與調查統計局是兩個不同的撥款科目。就此來看，『情報局』確實存在過，只不過不管是透過現今留存的檔案、各種當事人回憶與研究成果等各方面，都很難察覺且幾乎無法分辨它與調查統計局的差別」，「在調查統計局成立的同時，尚有一個難以察覺且幾乎無法分辨差異的『情報局』曾經存在。」見《薪傳：劉維開教授榮退論文集》，頁103-104、113。

七、結論

　　1932 年，蔣中正就任軍事委員會委員長兼參謀本部
參謀總長後，面對內憂外患不斷加深的局面，有意整合、
強化情報組織，遂於 9 月在豫鄂皖三省剿匪總司令部內成
立情報局。情報局最初由參謀本部第二廳廳長林蔚主持，
內部按職能劃分三處一室，由林蔚兼任情報處處長，另由
中國國民黨中央調查科主任徐恩曾、力行社特務處處長戴
笠參與該局訓練與總務工作。情報局的工作重心在於接收
調查科、特務處等情報組織的調查資料，審查其內容之虛
實，分別其品質之優劣，擇要轉呈蔣中正。同年 12 月，
該局工作步入正軌，開始彙集各方情報，惟僅維持一個多
月，即因林蔚去職而中斷。

　　1933 年 2 月，前調查科主任陳立夫接掌情報局，參
謀本部二廳與該局脫離關係，調查科與特務處則分別隸屬
該局為第一、第二處，由徐恩曾、戴笠分任處長，至此，
情報局的一、二兩處由專負情報、訓練之責的職能部門轉
化為兩個組織健全的特務部門。此後，情報局雖然內部糾
紛不斷，但直至1935年4月改稱軍事委員會調查統計局，
一直維持調查科與特務處在形式上的統一，由此奠定了全
面抗戰爆發前國民政府情報機構的基本組織形態，對國民
政府情報組織的整合與分化產生了深遠影響。

　　情報局的改組本為蔣中正統一情報組織的契機，但在
力行社與國民黨對抗的深層次背景下，特務處與調查科存

在競爭關係，加以戴笠與陳立夫、徐恩曾積怨已久，情報局自成立之日起就存在嚴重的派系對立。陳立夫接任局長後，戴笠堅持特務工作只對蔣中正負責，並不服從陳立夫的指揮，且將緊要情報仍循舊例逕呈蔣中正，而以一般情報敷衍局方，使該局工作效能大大降低，淪為一個低級的「調統會報」機構。此外，情報局常常拖欠特務處經費，也成為戴笠與局方對立的重要因素。情報局的一系列人事與經費糾紛，成為日後中統、軍統兩大特務組織相互摩擦與傾軋的開端。

　　情報局自 1932 年 9 月成立至 1935 年 4 月改稱，存在時間僅有二年七個月。在原始檔案公開以前，學界多依據軍統出版品之記載以及兩統舊人之憶述，認為 1932 年 9 月成立軍事委員會調查統計局，而不知此一機構在當時之名稱為情報局。透過對情報局相關歷史敘述的梳理，不難發現這種說法淵源頗深，並非憑空產生：情報局為祕密機構，知情者少之又少，且習慣以「軍事委員會調查統計局」代稱「情報局」，軍統出版品據以書寫，遂使情報局這一名詞被雪藏，而留下憶述文字之兩統舊人大都未曾參與情報局的運作，遂奉軍統出版品之記載為圭臬，愈使這種錯誤說法積非成是。當原始檔案陸續公布後，可知情報局實為調查統計局之舊稱，有必要對此前歷史敘述中存在的問題及時進行修正，避免因名詞混淆妨礙相關研究。

說史敘事 04

祕檔解讀：戴笠與軍統（上）

Top Secret: Tai Li and Bureau of Investigation and
Statistics - Section I

作　　者	孫灧灧
總 編 輯	陳新林、呂芳上
執行編輯	李佳若
助理編輯	詹鈞誌
封面設計	溫心忻
排　　版	溫心忻

出　　版　開源書局出版有限公司

香港金鐘夏愨道 18 號海富中心
1 座 26 樓 06 室
TEL：+852-35860995

民國歷史文化學社 有限公司

10646 臺北市大安區羅斯福路三段
37 號 7 樓之 1
TEL：+886-2-2369-6912
FAX：+886-2-2369-6990

http://www.rchcs.com.tw

初版一刷	2022 年 7 月 31 日
定　　價	新臺幣 380 元
	港　幣 105 元
	美　元 15 元
I S B N	978-626-7157-29-9
印　　刷	長達印刷有限公司
	臺北市西園路二段 50 巷 4 弄 21 號
	TEL：+886-2-2304-0488

國家圖書館出版品預行編目 (CIP) 資料
祕檔解讀：戴笠與軍統 = Top secret：Tai Li and
Bureau of Investigation and Statistics / 孫灧灧
著 . -- 初版 . -- 臺北市：民國歷史文化學社有限公
司 , 2022.07

　冊；　公分 . -- (說史敘事；4-5)

ISBN 978-626-7157-29-9　（上冊：平裝). --
ISBN 978-626-7157-30-5　（下冊：平裝)

1.CST: 戴笠　2.CST: 傳記

782.886　　　　　　　　　　　111010873